한 번에 끝내는

베트남어
첫걸음

한 번에 끝내는 베트남어 첫걸음

초 판 인 쇄	2020년 2월 10일
초 판 2 쇄	2023년 2월 28일
지 은 이	ECK어학연구소
펴 낸 이	임승빈
편 집 책 임	정유항, 김하진
편 집 진 행	이승연
디 자 인	다원기획
마 케 팅	염경용, 이동민, 이서빈
펴 낸 곳	ECK북스
주 소	서울시 마포구 창전로2길 27 [04098]
대 표 전 화	02-733-9950
홈 페 이 지	www.eckbooks.kr
이 메 일	eck@eckedu.com
등 록 번 호	제 2020-000303호
등 록 일 자	2000. 2. 15
I S B N	978-89-92281-91-1
정 가	15,000원

한 번에 끝내는

베트남어 첫걸음

— ECK어학연구소 지음 —

베트남어를 잘하고 싶지만,
막상 공부하려면 **무엇을 어떻게 해야 할지 모르겠다** 하시는 분,
이미 도전해 봤지만 **복잡한 성조와 어려운 문법에 부딪혀 포기한 분,**
그런 분들께 이 책을 권해 드립니다.

『한 번에 끝내는 베트남어 첫걸음』은
베트남어 학습의 가장 기본을 골라 담았기 때문입니다.
기초가 어려워 포기하지 않도록,
더 많은 내용을 담기보다 꼭 필요한 내용을 담았습니다.

제2외국어 교육의 선두주자 ECK교육의 다양한 외국어 학습서 중에서도 베트남어 교재는 특히 체계적인 구성을 갖추고 있습니다. 단계별 기본 학습서 〈The 바른 베트남어〉로 베트남어의 기초부터 중고급까지 달성할 수 있고, 분야별 집중 학습서를 통해 비즈니스, 패턴, 단어 등 학습 목적에 알맞은 구성으로 공부할 수 있습니다. 또 말하기 시험 공인 성적 취득을 위해 OPI와 OPIc의 IL~IM, IH~AL 레벨에 맞는 수험서로 체계적인 시험 대비도 가능합니다. 이렇게 국내 최다 베트남어 교재 라인업을 자부하며 다양한 베트남어 교재를 꾸준히 개발해 온 ECK어학연구소의 노하우와 전문성을 바탕으로, 베트남어의 가장 기초를 다지는 교재를 만들었습니다. 더 쉽게 베트남어 기초를 배울 수 있도록, 더 유용한 표현부터 배울 수 있도록, 베트남어 전문가와 원어민이 머리를 맞대어 쓰고 여러 차례 다듬어서 완성했습니다.

베트남어는 쉽지 않습니다.

하지만 베트남어를 공부하기로 마음을 먹었다면 분명 잘할 수 있습니다.

지금 당장 베트남어를 마스터할 수는 없지만

오늘까지 몰랐던 베트남어 문장을 내일이면 유창하게 말할 수 있습니다.

선생님이 없이도 될까? 학원에 가지 않아도 될까?

고민하지 말고 시작해 보세요.

혼자서도 포기하지 않고 베트남어 기초를 끝낼 수 있도록

『한 번에 끝내는 베트남어 첫걸음』을 자신 있게 추천합니다.

- ECK어학연구소 -

· 단계별 기본 학습서

Step 1 : 베트남 현지 라이선스 출간!
베트남 현지 출판사가 인정한 베트남어 교재!

· 분야별 집중 학습서(비즈니스/패턴/단어장)

· 말하기 시험 수험서(OPI/OPIc)

제2외국어 교재 전문 출판사 ECK북스
주문 및 교재 문의: 02-733-9950

● 알파벳

알파벳	발음
A a	a
Ă ă	á
Â â	ớ
B b	bờ
C c	cờ

■ 예비학습

본 학습에 들어가기 전 반드시 먼저 숙지해야 할 베트남어의 문자와 발음, 인칭대명사와 숫자 및 시간을 알아봅니다.

Hoa	Chào anh.
Peter	Chào chị. Chị tên
Hoa	Tôi tên là Hoa. Cò
Peter	Tôi là Peter.

■ 회화

다양한 주제별 대화문을 통해 기초 생활 표현 및 핵심 표현을 학습합니다. 녹음을 들으며 발음도 같이 익혀 보세요.

(Xin) chào : 안녕하세요

'chào'는 시간대에 구분 없이 사용하
할 점은 베트남어의 chào 뒤에는 물

Xin chào các bạn.
Chào anh.
Chào Hoa.

■ 핵심 표현

초급 단계에서 알아야 할 기초 필수 표현을 대화의 주제와 관련하여 다양한 예문과 함께 알아봅니다.

■ 말하기·듣기·쓰기 연습

말하기, 듣기, 쓰기 3가지 영역의 연습문제 풀이를 통해 학습을 마무리합니다.

말하기 연습 : 빈칸 채워 문장 완성하기, 주어진 형식에 맞게 문장 쓰기 등의 문제를 풀어봅니다.

듣기 연습 : 녹음 파일을 듣고 빈칸 채우기, 내용에 맞는 그림 고르기 등의 문제를 풀이봅니다.

쓰기 연습 : 〈보기〉에서 제시한 회화문에 맞게 문장을 작성하여 완성해 봅니다.

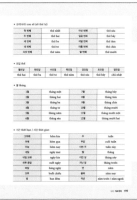

■ 베트남 Plus⁺

베트남의 음식, 여행지, 쇼핑 리스트, 대중교통 등 베트남에 대한 다양한 내용을 알아봅니다.

■ 기초 단어

초급 단계에서 알아야 할 기초 단어 및 어휘를 알아봅니다.

MP3 다운로드 방법

본 교재의 MP3 파일은 www.eckbooks.kr에서 무료로 다운로드 받을 수 있습니다.
QR 코드를 찍으면 다운로드 페이지로 이동합니다.

목차

예|비|학|습

① 베트남어 문자와 발음　　　🎧 00-1

베트남어는 29개의 알파벳이 있습니다. '단모음 12개, 단자음 17개'로 구성되어 있으며, 영어의 f, j, w, z 가 없는 대신 '자음 đ'와 '모음 ă, â, ê, ô, ơ, ư'가 있습니다. 그중 된소리가 나는 5가지 자음(c, k, p, t, q) 중 'c, k, q'는 [ㄲ] 발음으로, 알파벳은 다르지만 같은 발음이 납니다. 베트남어의 알파벳은 자음끼리 결합해서 '복자음'이 될 수도 있고, 모음끼리 결합해서 '이중모음'이나 '삼중모음'이 될 수도 있습니다.

● 알파벳

알파벳	발음		알파벳	발음	
A a	a	아	N n	nờ	ㄴ
Ă ă	á	(짧은) 아	O o	o	(입크게) 어
Â â	ớ	어	Ô ô	ô	오
B b	bờ	ㅂ	Ơ ơ	ơ	어
C c	cờ	ㄲ	P p	pờ	ㅂ / ㅃ
D d	dờ	ㅈ(북) ㅇ(남)	Q q	qui	ㄲ(북) w / ㄱ(남)
Đ đ	đờ	d	R r	rờ	z / ㅈ(북) r / ㄹ(남)
E e	e	애	S s	sờ	ㅅ / ㅆ
Ê ê	ê	에	T t	tờ	ㄸ
G g	gờ	g / ㄱ	U u	u	우
H h	hờ	ㅎ	Ư ư	ư	으
I i	i	이	V v	vờ	v / ㅂ
K k	cờ	ㄲ	X x	xờ	ㅅ / ㅆ
L l	lờ	l / ㄹ	Y y	i	이
M m	mờ	ㅁ	▨ : 자음　　▨ : 모음		

● 복자음 발음

이중자음이 앞에 나올 때와 뒤에 나올 때, 그리고 하나의 복자음이 끝에서 나올 때 북쪽과 남쪽의 발음이 조금씩 다르므로 정확하게 구별해야 합니다.

복자음	발음과 설명	예시 단어 및 읽는 법
ch- -ch	(1) ch-가 앞에 올 경우 [ㅉ] 발음이 납니다. 　• 북쪽 : [ㅉ] 또는 [ㅊ] 　• 남쪽 : [ㅉ] (2) -ch가 뒤에 올 경우 　• 북쪽 : [-익] 　• 남쪽 : [ㄱ]	(1) chị 언니, 누나 [찌] (2) cách 방법 [까익]
gh-	한국어의 [ㄱ] 발음이 납니다. 영어의 [g] 발음과 비슷합니다.	ghế 의자 [게]
gi-	[gi] = [지] 발음으로 외우세요. 영어의 [z] 발음과 비슷합니다.	già 늙은 [지아] (*빨리 발음하면 [쟈]라고 발음됩니다.)
kh-	한국어의 [ㅋ] 발음이 납니다. 성대를 울리듯이 [커]라고 발음하세요.	khá 꽤 [카]
ng- -ng	(1) ng- (앞) : [ŋ, ㅇ] 발음이 납니다. (2) -ng (뒤) : [ㅇ] 또는 [ㅁ] 발음이 납니다. * -ong, -ung : 음절 끝에서 입을 닫고 볼에 바람을 넣어줍니다.	(1) ngang 횡단하다 [응앙] (2) mang 운반하다 [망] * nóng 덥다 (표기 : 넝) [너-엄] * dùng 쓰다 (표기 : 중) [주-움]
ngh-	ng와 비슷한 [ŋ, ㅇ] 발음이 납니다. 이때 h는 묵음 처리합니다.	nghề nghiệp 직업 [응에 응이엡]
nh- -nh	(1) nh-가 앞에 올 경우 [냐] 발음이 납니다. (2) -nh가 뒤에 올 경우 　• 북쪽 : [-인]과 [잉]의 중간 　• 남쪽 : [ㄴ]	(1) nhà 집 [냐] (2) nhanh 빨리 [냐인]
ph-	영어의 [f] 발음이 납니다.	phở 쌀국수 [풔] (F 발음 유지)

th-	한국어의 [ㅌ] 발음이 납니다.	thích 좋아하다 [티익(북부), 틱(남부)]
tr-	한국어의 [ㅉ] 발음이 납니다.	trà 차 (마시는 차) [짜]
끝자음에서 볼에 바람을 넣는 자음		
-oc		học 공부하다 [헙]
-uc	-oc, -uc, -ong, -ông -ung과 같이 해당 자음이 끝에 나오면 반드시 볼에 바람을 넣으면서 [ㅇ]과 [ㅁ]의 중간 소리로 발음합니다.	Úc 호주 [웁]
-ong		mỏng 얇다 (표기 : 멍) [머엄]
-ông		lông 털 (표기 : 롱) [러옴, 옹]
-ung		đúng 올바른 (표기 : 둥) [두움]
끝모음에서 볼에 바람을 넣지 않는 모음		
-ương	-ươ의 경우 이중모음에 해당합니다. [ư 으/ơ 어] 발음에 해당하므로, -ương는 바람을 넣지 않고 [–으엉]으로 발음합니다.	trường 학교 [쯔엉]

● 모음 발음

🎧 00-3

모음	발음과 설명	예시 단어 및 읽는 법
A a	[아] 발음입니다. '솔' 음으로 길게 쭉 뻗어서 읽습니다.	má 어머니 [마]
Ă ă	[아] 발음입니다. A의 음과 같이 발음되지만 A보다 짧게 발음합니다.	ăn 먹다 [안]
Â â	[어] 발음입니다. '솔' 음으로 길게 쭉 뻗어서 발음합니다.	ấm 따뜻한 [엄]

E e	[애] 발음입니다. 입모양을 가로로 해서 길게 발음합니다.	em 동생 [앰]
Ê ê	[에] 발음입니다. 입모양을 둥글게 해서 동그란 소리로 발음합니다.	tên 이름 [뗀]
O o	크게 입을 벌려 [어]라고 발음합니다. 한국어에 없는 발음으로 입을 크게 벌려서 발음합니다.	cho 주다 [쩌]
Ô ô	[오] 발음입니다. 정확하게 '오'라고 발음합니다.	môn 과목 [몬]
Ơ ơ	[어] 발음입니다. Â 보다 길게 발음합니다.	trời 하늘 [쩌이]
I i	[이] 발음입니다. '이'로 발음하고 길게 발음합니다.	hai 숫자 2 [하이]
Y y	[이] 발음입니다. i와 같은 '이'로 발음되지만 더 짧게 발음합니다.	hay 재미있는 [하이]
U u	[우] 발음입니다. 정확하게 '우'라고 발음합니다.	mũ 모자 [무]
Ư ư	[으] 발음입니다. 한국어의 '으'와 비슷한 느낌이지만 좀 더 입을 가로로 넓게 발음합니다.	từ 단어 [뜨]

※ 이중 모음 불규칙 발음

🎧 00-4

이중 모음	발음과 설명	예시 단어 및 읽는 법
-ia	자음 + ia[이아], ua[우아], ưa[으아]의 형태일 때 끝 발음을 [아]가 아닌 [어]로 바꾸어 발음합니다.	bia 맥주 [비어]
-ua		mua 사다 [무어]
-ưa		chưa 아직 [쯔어]

베트남어의 성조는 총 6개입니다. 북부와 남부 발음의 가장 큰 차이점은 Thanh hỏi 성조입니다.

성조 이름	발음 곡선	성조의 특징 설명
Thanh Ngang	도 시 라 (솔) 파 미 레 도	음의 기준을 '도레미파솔라시도'로 정하고 중간음인 '솔' 음에서 길게 쭉 발음합니다. ma 귀신, 마귀　　cô 여자 선생님 (무성으로 성조의 표기 없이 같은 톤으로 발음합니다.)
Thanh Sắc	도 시 라 (솔) 파 미 레 도	기준 음이 되는 '솔' 음에서 곡선을 그리듯 부드럽게 올리면서 발음합니다. má 어머니, 볼/뺨　　có 가지고 있다
Thanh Huyền	도 시 라 솔 (파) (미) 레 도	기준 음이 되는 '미'와 '파'의 중간 음에서 곡선을 그리듯 부드럽게 내리면서 발음합니다. mà 그런데　　chào 안녕
Thanh Hỏi	도 시 라 솔 (파) (미) 레 도	기준 음보다 살짝 낮게 첫 음을 시작합니다. 마찬가지로 '미'와 '파'의 중간 음에서 살짝 올렸다가 내린후, 끝 음을 살짝 다시 올린다는 느낌으로 발음합니다. mả 무덤　　khỏe 건강한
Thanh Ngã	도 시 라 (솔) 파 미 레 도 이 구간을 살짝 끊어서 발음하며 높게 올려 발음 하세요.	성조 중 가장 높은 음을 나타냅니다. 기준 음을 '솔'로 잡은 후, 중간에 음이 끊기듯이 발음하며 끝을 많이 올려서 발음합니다. mã 말(馬)　　Mỹ 미국

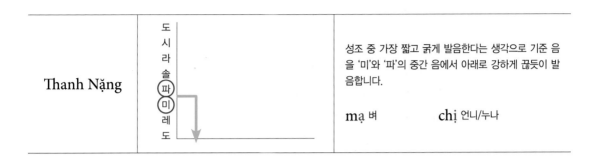

| Thanh Nặng | 도
시
라
솔
파
미
레
도 | 성조 중 가장 짧고 굵게 발음한다는 생각으로 기준 음을 '미'와 '파'의 중간 음에서 아래로 강하게 끊듯이 발음합니다.

mạ 벼　　　　　chị 언니/누나 |

❷ 인칭대명사와 지시사

베트남어를 할 때 가장 기본은 '인칭대명사'와 '지시사'입니다. 베트남어에서는 '주어'가 중요한 역할을 합니다. 주어가 생략되면 비문이 되거나 반말이 될 수 있으므로 꼭 익혀 두세요.

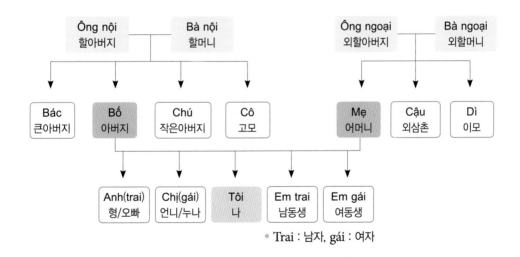

* Trai : 남자, gái : 여자

● 인칭대명사

베트남어의 인칭대명사는 상대방의 나이, 성별, 지위에 따라서 다양하게 나누어집니다. 인칭대명사는 고정되어있는 것이 아닌, 상대방과 나와의 관계에 따라 달라집니다.

tôi	저/나	mình	나
chúng tôi	우리 (상대방을 포함하지 않는 우리)	chúng ta	우리 (상대방을 포함하는 우리)
ông	할아버지	bà	할머니
anh	형/오빠	chị	누나/언니
em	동생 (남녀 구분 없음)	bạn	당신/친구
thầy	남자 선생님	cô	여자 선생님/아가씨
bố	아빠	mẹ	엄마
chú	아저씨 (부모님보다 나이가 적은 남자)	bác	큰아버지/큰어머니 (부모님보다 나이가 많은 남자/여자)

các + 2인칭대명사	các ông các anh các em	할아버지들 오빠/형들 동생들
2인칭대명사 + ấy	ông ấy chị ấy	그 할아버지 그녀
	nó	걔/그것 * 어린 사람을 칭하는 표현, 무시하는 표현으로 사용되기도 함
các + 2인칭대명사 + ấy	các anh ấy các em ấy	그 오빠/형들 그 동생들
	họ	그들 (나이와 성별 상관없는 한 무리)

● 지시사

지시대명사			
이것/이분/이곳	đây	Đây là vợ tôi. 이분은 나의 아내입니다.	
그것/그분/그곳	đó / đấy	Đó không phải là của tôi. 그것은 내 것이 아닙니다.	
저것/저분/저곳	kia	Kia là công ty tôi. 저곳은 나의 회사입니다.	
지시형용사 (명사 + 지시형용사)			
이 + 명사	명사 + này	Tôi thích món này nhất. 나는 이 음식을 가장 좋아한다.	
그 + 명사	명사 + đó	Con chó đó rất dễ thương. 그 강아지는 매우 귀엽다.	
저 + 명사	명사 + kia	Công ty kia hợp tác với công ty tôi. 저 회사는 우리 회사와 협업한다.	

❸ 숫자

베트남어에도 고유어 숫자와 한자어 숫자가 공존합니다. 단, 한자어 숫자에 비해 고유어 숫자의 사용 범위가 훨씬 더 넓습니다. 고유어 숫자는 '양수사'를 말하며, '금액, 전화번호, 주소, 수량' 등에 모두 적용됩니다.

● 양수사

(1) 0~9

không	0	năm	5
một	1	sáu	6
hai	2	bảy	7
ba	3	tám	8
bốn	4	chín	9

(2) 10～19 : mười + 숫자

'15, 25, 35, … 115 …'의 5는 'lăm'이라고 읽습니다.

mười	10	mười lăm	15
mười một	11	mười sáu	16
mười hai	12	mười bảy	17
mười ba	13	mười tám	18
mười bốn	14	mười chín	19

(3) 20～90 : 숫자 + mươi

* 20부터의 '십'은 'mười'가 아니라 'mươi'를 사용합니다.

* '21, 31, 41, … 121 …'의 1은 'một'이 아니라 'mốt'을 사용합니다.

21: hai mươi **mốt**　　　**131: một trăm ba** mươi **mốt**

hai mươi	20	sáu mươi	60
ba mươi	30	bảy mươi	70
bốn mươi	40	tám mươi	80
năm mươi	50	chín mươi	90

(4) 100～900 : 숫자 + trăm

một trăm	100	sáu trăm	600
hai trăm	200	bảy trăm	700
ba trăm	300	tám trăm	800
bốn trăm	400	chín trăm	900
năm trăm	500		

101, 102…909의 경우, 「숫자＋linh／lẻ＋숫자」 순서로 읽으며, 1,000~9,000도 마찬가지입니다.

101 : một trăm linh một / một trăm lẻ một

807 : tám trăm linh bảy / tám trăm lẻ bảy

1,001 : một ngàn linh một / một ngàn lẻ một

8,005 : tám ngàn linh năm / tám ngàn lẻ năm

⑸ 1천~10만 : 숫자 + ngàn／nghìn

một ngàn / một nghìn	1,000	sáu mươi ngàn	60,000
mười ngàn	10,000	bảy mươi ngàn	70,000
hai mươi ngàn	20,000	tám mươi ngàn	80,000
ba mươi ngàn	30,000	chín mươi ngàn	90,000
bốn mươi ngàn	40,000	một trăm ngàn	100,000
năm mươi ngàn	50,000		

일상생활에서는 'mươi' 대신 'chục'을 사용해서 표현하기도 합니다.

20,000 : hai mươi ngàn = hai chục ngàn

⑹ 100만~100억

một triệu	100만	một trăm triệu	1억
mười triệu	1,000만	một tỷ	10억
hai mươi triệu	2,000만	mười tỷ	100억

＊ 베트남어의 양수사는 숫자에서 3자리씩을 기준으로 하기 때문에 사용 시 주의해야 합니다. 예를 들어, 1만(10,000)의 경우 한국에서는 '1만'으로 읽지만, 베트남에서는 '십'과 '천'을 나누어서 읽습니다. 천만 (1,000만)의 경우도 마찬가지로, '십'과 '백만'을 나누어서 읽습니다.

천 : ngàn

10,000 = mười ngàn = 1만

십(10) : mười

백만 : triệu

10,000,000 = mười triệu = 천만

십(10) : mười

● 서수사

순서를 말할 때, 숫자 앞에 'thứ'라는 단어를 넣습니다. 단, '첫 번째, 두 번째, 네 번째'의 경우는 주의하세요. '두 번째'의 경우는 두 가지 모두 사용 가능합니다.

thứ nhất	첫 번째	thứ sáu	여섯 번째
thứ nhì / thứ hai	두 번째	thứ bảy	일곱 번째
thứ ba	세 번째	thứ tám	여덟 번째
thứ tư	네 번째	thứ chín	아홉 번째
thứ năm	다섯 번째	thứ mười	열 번째

'~번째'나 '~회, ~등'과 결합할 때도 서수사를 사용할 수 있습니다.

lần thứ nhất 첫 번째, 1회   hạng nhất 1등

● 단위 명사

단위 명사	뜻	단위 명사	뜻
cái	개(물건)	chiếc	짝(신발, 젓가락), 대(차)
người	명, 사람	bữa	끼
con*	마리 / 칼, 강, 길을 세는 단위	căn / ngôi	채(집)
cuốn / quyển	권(책, 잡지 등)	tờ	장(지폐, 종이, 신문 등)
cây	개(펜, 작대기 등)	tấm	장(사진)
đôi	켤레, 쌍	bó	다발(꽃, 야채, 향 등)
bộ	벌, 세트	nải	다발(바나나)
trái / quả	개, 통(과일)	phần	인분(음식)

참고 단위 명사 중 'con'은 동물을 셀 때 쓰는 '마리'라는 의미도 있지만, '칼, 강, 길'을 셀 때도 사용됩니다.

một con dao 칼 한 자루

❹ 시간 말하기

베트남의 하루를 나누는 단위를 익히고, 베트남어로 시간을 말해 보세요.

시간을 말할 때는 한국과 마찬가지로 '시→분→초'의 순서대로 표현하며, '오전, 오후, 아침' 등과 같은 표현은 시간의 뒤에 위치합니다.

오전, 아침 : sáng   정오/점심 : trưa   오후(1시~5시) : chiều   저녁 : tối

●시간

1시	2시	3시	4시	5시	6시
1 giờ	2 giờ	3 giờ	4 giờ	5 giờ	6 giờ
7시	8시	9시	10시	11시	12시
7 giờ	8 giờ	9 giờ	10 giờ	11 giờ	12 giờ

●분

정각	5분	10분	15분	20분	25분
đúng	5 phút	10 phút	15 phút	20 phút	25 phút
30분	35분	40분	45분	50분	55분
30 phút	35 phút	40 phút	45 phút	50 phút	55 phút

오전 9시 : **9 giờ** sáng

정오 12시 정각 : **đúng 12 giờ** trưa

오후 2시 30분 : **2 giờ 30 phút** chiều

저녁 7시 15분 : **7 giờ 15 phút** tối

저녁 8시 10분 전 : **8 giờ kém 10 phút** tối

Bài

1

Rất vui được gặp anh.

만나서 반갑습니다.

Hoa	**Chào anh.**

Hoa — Chào anh.

Peter — Chào chị. Chị tên là gì?

Hoa — Tôi tên là Hoa. Còn anh?

Peter — Tôi là Peter.

Rất vui được gặp chị.

Hoa — Vâng, rất vui được gặp anh.

Peter — Giờ tôi phải đi. Hẹn gặp lại.

Hoa — Vâng, chào anh.

· 해석 ·

화	안녕하세요.
피터	안녕하세요. 이름이 무엇인가요?
화	제 이름은 화입니다. 당신은요?
피터	저는 피터입니다. 만나서 반갑습니다.
화	네, 만나서 반갑습니다.
피터	저는 지금 나가야 해요. 또 만나요.
화	네, 안녕히 가세요.

· 새단어 ·

▫ (Xin) chào 안녕하세요 / 안녕	▫ gặp 만나다
▫ tên 이름	▫ giờ 지금
▫ là ~이다	▫ phải ~해야 하다
▫ gì 무엇	▫ đi 가다. 나가다
▫ rất 아주	▫ hẹn 약속하다
▫ vui 기쁜	▫ lại 다시
▫ được ~하게 되다	▫ vâng 네. 예 (대답)

1 인사하기

● **(Xin) chào** : 안녕하세요

'chào'는 시간대에 구분 없이 사용하는 인사말로 '안녕/안녕하세요'라는 뜻입니다. 주의할 점은 베트남어의 chào 뒤에는 물음표(?)를 사용하지 않습니다.

Xin chào các bạn.	여러분, 안녕하세요.
Chào anh.	안녕하세요.
Chào Hoa.	화 안녕.

예의 바른 표현을 할 경우에는, 「chào＋2인칭」 구조 앞에 자신을 가리키는 1인칭대명사를 위치시킵니다.

Em chào cô.	(학생이) 선생님 안녕하세요.
Cháu chào ông.	(손자가) 할아버지 안녕하세요.

● **Rất vui được gặp** : 만나서 반갑습니다

'Rất vui được gặp ～'과 비슷한 표현으로 'Rất vui được biết ～ / Rất hân hạnh được làm quen với ～'가 있습니다.

Rất vui được gặp chị.	(여성분에게) 만나서 반갑습니다.
Rất vui được biết anh.	(남성분에게) 알게 되어 대단히 기쁩니다.
Rất hân hạnh được làm quen với chị.	(여성분에게) 뵙게 되어 영광입니다.

● **Hẹn gặp lại** : 또 만나요 (직역 : 다시 만나기로 약속한다)

Hẹn gặp lại bạn.	(또래에게) 또 만나.
Hẹn gặp lại anh.	(남성분에게) 또 뵙겠습니다.
Hẹn gặp lại cô.	(여성분에게) 또 뵐게요.

단어 các bạn 여러분   hân hạnh 영광이다   làm quen 알게 되다 (처음 뵙다)

2 là : ~이다

'là'는 '~이다'라는 뜻으로, 영어의 be동사 기능과 유사합니다. là 뒤에 명사를 위치시켜서
'~은/는 ~이다'라는 의미로 사용합니다.

> **주어 + là + 명사** : 주어는 '명사'이다

Tôi là Lan.	저는 란입니다.
Anh ấy là nhân viên.	그는 회사원입니다.
Cô ấy là người Hàn Quốc.	그녀는 한국 사람입니다.

3 gì : 무엇

'gì'는 '무엇'이라는 뜻으로, 문장 맨 뒤에 위치하며, 바로 앞에 'là(이다)' 또는 다른 동사를
위치시켜 '~이 무엇이니?'라는 의문문을 만들어 주는 의문 부사입니다. 영어의 what과 같
습니다.

> **명사 + là + gì?** : 명사가 무엇이니?

Tên em là gì?	너의 이름이 무엇이니?
Anh tên là gì?	오빠/형은 이름이 무엇인가요?

4 이름 묻고 답하기

질문 Tên + 인칭대명사 + là gì? = 인칭대명사 + Tên là gì? : 당신의 이름은 무엇입니까?

대답 Tên tôi là + 이름 / Tôi tên là + 이름 : 제 이름은 ~입니다.   * tên 생략 가능

단어 · nhân viên 회사원   người Hàn Quốc 한국 사람

말하기 연습

1 그림을 보고 인칭대명사를 넣어서 문장을 완성한 후, 읽어 보세요.

(1)

A: Em chào _____.

B: Chào _____.

(2)

A: Chào _____.

Rất vui được gặp _____.

B: Chào _____.

Rất vui được gặp _____.

(3)

A: _____ chào _____.

B: Chào _____.

(4)

A: Chào _____.

Rất vui được gặp _____.

B: Chào _____.

Rất vui được gặp _____.

★ 발음 체크 🎧 01-2

단어 **em** 동생/학생　　**cô** 여자 선생님　　**ông** 할아버지　　**bà** 할머니　　**anh** 형/오빠　　**bạn** 친구(2인칭)

2 녹음을 듣고 빈칸을 적어 보세요. 🎧 01-3

(1)

A: Chào anh!

B: _____!

A: Rất vui được gặp _____!

B: Vâng, rất vui được gặp _____.

(2)

A: Chào cô. _____?

B: Tôi là Hoa. _____?

A: Tôi tên là Minho. _____.

B: Rất vui được gặp anh.

 쓰기 연습

3 〈보기〉를 보고 회화 내용에 맞게 빈칸을 적어 보세요.

> **보기**
>
> | 화 | <u>안녕하세요.</u> |
> |---|---|
> | 피터 | 안녕하세요. 이름이 <u>무엇</u>인가요? |
> | 화 | 제 이름은 화입니다. 당신은요? |
> | 피터 | 저는 피터입니다. 만나서 반갑습니다. |
> | 화 | 네, 만나서 반갑습니다. |
> | 피터 | 저는 지금 나가야 해요. <u>또</u> 만나요. |
> | 화 | 네, 안녕히 가세요. |

Hoa _____.

Peter Chào chị. Chị tên là ___?

Hoa Tôi tên ___ Hoa. Còn anh?

Peter Tôi là Peter.

Rất vui được gặp chị.

Hoa Vâng, rất vui được gặp anh.

Peter Giờ tôi phải đi. _____.

Hoa Vâng, chào anh.

베트남의 다양한 인사법

베트남어도 한국어와 마찬가지로 여러 형식의 인사말이 있습니다. '안녕하세요.'라는 인사말의 보편적인 표현으로 'Xin chào / Chào anh / Chào chị' 등이 있지만, 그 외에 다른 표현으로 인사를 대신할 수도 있습니다.

1. 만났을 때

밥 먹었어요?	[2인칭] + ăn cơm chưa ạ?
어디 가요?	[2인칭] + đi đâu đấy?

2. 헤어질 때

갈게요.	[1인칭] + đi đây.
조심히 가요.	[2인칭] + đi cẩn thận nhé.

공식적인 메일 또는 공문 등에서는 베트남어를 사용하는 것이 원칙입니다. 그러나 최근, 외국계 기업뿐만 아니라 베트남 구성원으로만 이루어진 회사에서도 메일을 쓸 때 인사말에 영어와 베트남어를 혼합해서 사용하는 경우가 많아지고 있습니다. 영어의 문법적으로는 비문이지만, 베트남 현지에서 인사 표현으로 보편화되고 있습니다.

첫인사 :	Hi anh / Dear chị / Hello em + [이름]
끝인사 :	Thanks anh / chị / em

Xin lỗi, anh tên là gì?

실례지만, 이름이 무엇인가요?

Hùng   Chào anh.

Peter   Chào anh. Xin lỗi, anh tên là gì?

Hùng   Tôi tên là Hùng. Còn anh tên là gì?

Peter   Tôi tên là Peter. Anh Hùng là người nước nào?

Hùng   Tôi là người Việt Nam.

         Anh là người Mỹ, phải không?

Peter   Dạ không, tôi không phải là người Mỹ.

         Tôi là người Pháp. Rất vui được gặp anh.

Hùng   Tôi cũng rất vui được gặp anh.

훙	안녕하세요.
피터	안녕하세요. 실례지만, 이름이 무엇인가요?
훙	제 이름은 훙이에요. 당신의 이름은 무엇인가요?
피터	제 이름은 피터예요. 훙 씨는 어느 나라 사람입니까?
훙	저는 베트남 사람이에요. 당신은 미국 사람, 맞죠?
피터	아니요, 저는 미국 사람이 아니에요.
	저는 프랑스 사람이에요. 만나서 반가워요.
훙	저도 만나서 반가워요.

새단어

▫ **người** 사람	▫ **không** ~지 않다
▫ **nước** 나라	▫ **không phải là** ~가 아니다
▫ **nào** 어떤, 어느	▫ **Mỹ** 미국
▫ **Việt Nam** 베트남	▫ **Pháp** 프랑스
▫ **phải** 맞다	▫ **cũng** ~도, 역시

1 국적 묻고 답하기

● 어느 나라 사람입니까?

질문 **주어 + là người nước nào?** : 주어는 어느 나라 사람입니까?

대답 **주어 + là người + 나라 이름** : 주어는 ~ 사람입니다

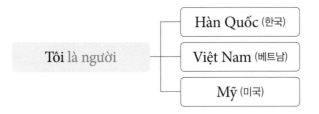

A: Chị Lee là người nước nào?   이 씨는 어느 나라 사람입니까?

B₁: Tôi là người Hàn Quốc.   저는 한국 사람입니다.

B₂: Anh là người Hàn Quốc.   오빠는 한국 사람입니다.

A: Anh là người nước nào?   당신은 어느 나라 사람입니까?

B₁: Tôi là người Việt Nam.   저는 베트남 사람입니다.

B₂: Chị là người Việt Nam.   누나는 베트남 사람입니다.

· 단어 · Hàn Quốc 한국

2 부정문 : không phải là ~

'~가 아니다'라는 의미의 부정문으로, 'là(이다)' 앞에 'không phải(맞지 않다)'를 위치시켜서 표현합니다.

> 주어 + không phải là + 명사 : 주어는 명사가 아니다

Tôi không phải là Trang.   저는 짱이 아닙니다.

Peter không phải là người Việt Nam.   피터는 베트남 사람이 아닙니다.

Cô ấy không phải là học sinh.   그녀는 학생이 아닙니다.

3 확인 의문문 : phải không?

'맞죠?'라는 의미의 확인 의문문으로, 자신의 생각이 맞는지 확인하고 싶을 때 알고 있는 것을 먼저 제시한 후, 문장 끝에 위치시켜서 표현합니다.

질문   주어 + 동사/형용사 + phải không?   : 주어가 동사/형용사 하죠?

      주어 + là + 명사 + phải không?   : 주어가 명사이죠?

의문문 대답의 경우, '네/아니오'라는 대답을 해준 뒤 자신의 의견을 말하는 것이 좋습니다.

대답   네   : Vâng, 주어 + là + 명사   [긍정]

        아니오 : Không, 주어 + không phải là + 명사   [부정]

A: Anh đi Việt Nam phải không?   베트남 가는 거죠?

B: Vâng, tôi đi Việt Nam.   네, 베트남 가요.

A: Anh là anh Minh phải không?   당신은 민 씨 맞죠?

B: Dạ không, tôi không phải là Minh.   아니요, 저는 민이 아닙니다.

※ Dạ는 뜻이 없으며, 문장 앞에 위치해서 예의를 갖출 때 사용합니다.

단어   học sinh 학생

4 nào의 역할

'nào'는 주로 명사 뒤에 위치하며, '어느, 어떤'과 같이 관형사로 해석합니다. 그러나 문장 끝에 올 경우에는 '~하자'라는 청유문으로 바꿔주는 역할도 합니다.

● **의문문** : 어느, 어떤

> **명사 + nào** : 어느, 어떤

Anh là người nước nào?   당신은 어느 나라 사람입니까?

Em muốn uống loại cà phê nào?   당신은 어떤 종류의 커피를 마시고 싶습니까?

● **청유문** : ~하자

Đi nào!   가자!

Xem nào!   어디 보자!

Đi nhanh lên nào!   빨리 가자!

Nghe lời mẹ nào!   엄마 말 좀 들어봐!

5 cũng : ~도, 역시

'cũng'은 '~도, 역시'라는 뜻의 보조사 역할을 하는 단어로, 주어 뒤 또는 동사 앞에만 위치할 수 있습니다. 문장 내에서 cũng을 잘못 위치시켜서 사용하는 경우가 가장 많은 단어이므로, 위치 표현에 주의해야 합니다.

Tôi là người Việt Nam. Anh ấy cũng là người Việt Nam.

저는 베트남 사람입니다. 그 남자도 베트남 사람입니다.

Tôi thích hoa hồng. Tôi cũng thích hoa cúc.

나는 장미꽃을 좋아한다. 국화도 좋아한다.

단어 uống 마시다   loại 종류   cà phê 커피   hoa hồng 장미꽃   hoa cúc 국화

말하기 연습

1 그림을 보고 대화를 완성한 후, 읽어 보세요.

(1)

A: Cô ấy là người Nhật Bản phải không?

B: _____ , cô ấy là _____ .

(2)

A: Họ là người nước nào?

B: Họ là _____ .

(3)

A: Anh ấy là người Trung Quốc,
   phải không?

B: _____ , anh ấy là _____ .

(4)

A: Đây là Trung Quốc, phải không?

B: _____ , đây là _____ .

＊Đây : 여기

★ 발음 체크 🎧 02-2

단어 người Nhật Bản 일본인   nào 어느   người Pháp 프랑스인   người Trung Quốc 중국인
(nước) Anh 영국

2 녹음을 듣고 빈칸을 적어 보세요. 🎧 02-3

Park   Chào chị, tôi là Park.

　　　　Chị ＿＿＿＿ là gì?

Linh   Chào anh, tôi là Linh.

　　　　Anh Park là người ＿＿＿＿＿＿＿＿, phải không?

Park   Dạ ＿＿＿＿, tôi là người Hàn Quốc.

　　　　Chị Linh là người Trung Quốc, phải không?

Linh   Không, tôi ＿＿＿＿＿＿＿＿ là người Trung Quốc.

Park   Chị Linh là người nước nào?

Linh   Tôi là ＿＿＿＿＿＿ Việt Nam.

3 〈보기〉를 보고 회화 내용에 맞게 빈칸을 적어 보세요.

> **보기**
>
> 피터   홍 씨는 <u>어느</u> 나라 사람입니까?
> 홍   저는 베트남 사람이에요. 당신은 미국 사람, 맞죠?
> 피터   아니요, 저는 프랑스 사람이에요. <u>만나서</u> 반가워요.
> 홍   저<u>도</u> 만나서 반가워요.

Peter   Anh Hùng là người nước _____?

Hùng   Tôi là _____ Việt Nam.

       Anh là người Mỹ, _____?

Peter   Dạ không, tôi là người Pháp.

       Rất vui được _____ anh.

Hùng   Tôi _____ rất vui được gặp anh.

베트남의 교통수단

베트남에는 전철이 없고 '오토바이, 툭툭이, 택시' 등이 있습니다. '버스'도 있지만, 짧은 여행을 위해서라면 편리한 '택시'를 추천합니다.

● 오토바이

오토바이는 베트남 사람들이 가장 보편적으로 사용하는 교통수단으로, 도로 위의 70%를 차지할 만큼 높은 비중을 차지하고 있습니다. 오토바이 택시를 '쎄옴'이라고 하는데 길에서 가격을 직접 흥정하여 이용할 수 있습니다. 가격은 보통 1km에 10,000~20,000동이 적당합니다.

● 버스

베트남에서 한 달 이상 체류할 계획이라면 버스를 이용하는 것이 편리하지만, 버스 노선도 애매하고 배차 간격도 길기 때문에 가격이 저렴한 이유를 제외한다면 효율적이지 않습니다. 버스 승차권은 일일권과 월별 정기권 2가지로 나눠져 있습니다.

① 일일권 : 버스를 탔을 때 차내 안내원에게 현금을 지불하고 승차권을 받습니다. 이동 중간에 운송사 담당자가 수시로 버스에 타서 표를 확인할 수 있으니 승차권을 꼭! 지참해야 합니다. 그리고 갈아탈 때마다 다음 버스의 승차권을 별도로 구매해야 하므로 버스를 자주 환승하게 된다면 월별 승차권을 사용하는 것이 좋습니다.

② 정기권 : 월별 정기권은 정류장 근처 매표소에서 신청서(증명사진 2장 지참)를 작성한 후, 며칠 뒤에 정기권을 수령하는 방식입니다. 정기권은 카드 형태로 되어 있으며 별도의 신청비는 없습니다. 한 달씩 승차권을 구매할 때마다 일정한 금액을 지불하고 당월의 스티커를 받아 카드에 붙여두면 한 달간 제한 없이 버스 승차가 가능합니다. 버스를 탈 때 안내원에게 스티커가 붙여진 승차권을 보여주면 됩니다.

● 택시

베트남 여행자의 대부분은 '택시'를 이용합니다. 베트남 택시를 이용할 때는 바가지 요금을 내지 않도록, 믿고 탈수 있는 '비나선(VINASUN) 택시'와 '마일리(MAILINH) 택시'를 추천합니다.

비나선(VINASUN) 택시

마일리(MAILINH) 택시

● 택시 이용 시, 유용한 표현

Cho tôi đến đây.	여기로 가주세요.
Xin chờ ở đây một chút.	여기서 잠시만 기다려 주세요.
Làm ơn đi nhanh hơn.	조금 더 빨리 가 주세요.
Cho tôi xuống đây.	여기서 내려 주세요.
Cho tôi xuống ở phía trước.	이 앞에 내려 주세요.

★ 참고사항

베트남의 교통은 매우 복잡하고 위험하기로 유명한 만큼, '보행자 우선 양보'라는 개념이 아쉽게도 많이 부족합니다. 그러므로, 보행자가 횡단보도를 건널 때는 매우 주의해야 합니다. 현지인을 따라서 함께 건너가는 것이 안전한 방법 중 하나입니다.

Bài

3

Chị làm nghề gì?

당신 직업이 무엇입니까?

Phúc   Chị Kim làm việc ở đâu?

Kim   Tôi làm việc ở công ty ABC.

       Xin giới thiệu. Đây là Linh, bạn tôi.

Phúc   Chào chị.

       Tôi là Phúc, làm ở công ty vận tải Mai Linh.

       Chị làm nghề gì?

Linh   Tôi là giảng viên ở trường Đại học Seoul.

Phúc   Ồ, chị giỏi quá.

푹   김 씨는 어디서 일하세요?

김   저는 ABC 회사에서 일해요.

        소개할게요. 이 분은 제 친구 린이에요.

푹   안녕하세요.

        저는 푹이고, 마이린 운송회사에서 일해요.

        당신 직업이 뭐예요?

린   저는 서울대학교 강사예요.

푹   오, 대단하시네요.

새단어

đâu 어디	vận tải 운송
ở đâu 어디에서	nghề (nghiệp) 직업
làm việc 일하다	giảng viên 강사
công ty 회사	trường Đại học 대학교
giới thiệu 소개하다	giỏi 대단하다, 잘하다

 **핵심 표현**

1 직업 묻고 답하기

● 직업이 무엇 입니까?

질문   Anh/chị làm nghề gì? = Anh/chị làm gì?   : 당신 직업이 무엇입니까?

대답   Tôi là/làm + 직업   : 저는 ~입니다

A: Chị làm nghề gì?   당신 직업이 무엇입니까?
B: Tôi là sinh viên.   저는 대학생입니다.

2 làm : ~하다

'하다, 일하다, 만들다'라는 의미로, 주어가 어떤 행동이나 과정을 시행하는 의미를 나타내고 단독 사용은 불가능합니다. 뒤에 항상 행동의 대상 또는 내용을 더 자세히 설명하기 위한 목적어가 함께 위치합니다.

주어 + làm + 명사

주어		명사	해석
Tôi	làm	bài tập	저는 숙제를 합니다.
Anh ấy	làm	việc	그는 일을 합니다.
Cô ấy	làm	bánh.	그녀가 빵을 만듭니다.

단어   sinh viên 대학생   bài tập 숙제   việc 일   bánh 빵

3 đâu : 어디

'đâu'는 '어디'라는 의미로 어떤 목적지나 방향을 물어볼 때 사용하는 의문사입니다. 'ở đâu' 앞에 명사가 오면 그 명사의 위치를 물어보는 것이고, 동사가 오면 그 행동이 진행되는 공간이나 장소를 물어보는 것입니다. 대답할 때는 đâu 대신 '장소, 지명' 등으로 답변합니다.

● đâu : 목적지

> 주어 + 동사 + đâu?

A: Chị đi đâu? (누나/언니는) 어디 가요?　　B: Tôi đi đến trường. 나는 학교에 가요.

● ở đâu : 위치

> 주어 + ở đâu?

A: Nhà em ở đâu? 　　　　　　　　너의 집은 어디에 있니?

B: Nhà em ở Mapo-gu. 　　　　　　제 집은 마포구에 있어요.

A: Công ty anh ấy ở đâu? 　　　　　그의 회사는 어디에 있어요?

B: Công ty anh ấy ở Gangnam. 　　그의 회사는 강남에 있어요.

● ở đâu : 장소

> 주어 + 동사 + ở đâu?

A: Anh Jun Young học tiếng Việt ở đâu? 　준영 씨는 어디에서 베트남어를 배워요?

B: Anh ấy học ở trường đại học Ngoại ngữ. 　그는 외국어 대학교에서 공부해요.

A: Em làm việc ở đâu? 　　　　　　너는 어디에서 일하니?

B: Em làm việc ở Posco. 　　　　　저는 포스코에서 일해요.

* 'ở đâu' 질문에 대답할 때는 'ở' 뒤에 장소를 넣어서 말하면 됩니다.

1 그림을 보고 대화를 완성한 후, 읽어 보세요.

(1)

A: Anh ấy là bác sỹ phải không?

B: _____, anh ấy là _____.

(2)

A: Ông ấy làm nghề gì?

B: Ông ấy _____.

(3)

A: Bà ấy đi đâu?

B: Bà ấy đi _____.

(4)

A: Anh Peter học tiếng Hàn ở đâu?

B: Anh ấy _____.

★ 발음 체크 🎧 03-2

·단어· **bác sỹ** 의사   **kỹ sư** 기술자   **nhân viên văn phòng** 회사원   **bệnh viện** 병원

2 녹음을 듣고 빈칸을 적어 보세요.　🎧 03-3

(1) A: Chào ông. Ông làm _____ gì?

B: Tôi là luật sư.

(2) A: Chào chị. Chị làm nghề gì?

B: Tôi là _____, còn anh?

A: Tôi là kỹ sư.

(3) A: Anh Park, anh làm việc ở đâu?

B: Tôi làm việc ở _____ Mai Linh.

3 녹음을 듣고 맞는 그림을 찾아 보세요.　🎧 03-4

(1) _____　(2) _____　(3) _____

① 　　② 　　③

단어 luật sư 변호사　cô giáo 여자 선생님　vận động viên 운동 선수

4 〈보기〉를 보고 회화 내용에 맞게 빈칸을 적어 보세요.

보기

푹	김 씨는 어디서 일하세요?
김	저는 ABC 회사에서 일해요.
	이분은 제 친구 린이에요.
푹	안녕하세요. 저는 푹이고, XYZ 회사에서 일해요.
	당신 직업이 무엇입니까?
린	저는 하노이대학교 강사예요.

Phúc   Chị Kim làm việc _____?

Kim   Tôi làm việc ở công ty ABC.

        Đây là Linh, bạn tôi.

Phúc   Chào chị. Tôi là Phúc, làm ở _____ XYZ.

        Chị làm _____ gì?

Linh   Tôi là _____ ở trường Đại học Hà Nội.

베트남의 유용한 앱

베트남에서도 한국과 마찬가지로 배달 서비스 앱이 매우 활발하게 이용되고 있습니다. 베트남의 다양한 음식들이 가격과 함께 정리되어 있고, 베트남어 외에 영어 지원도 가능해서 이용자 수가 점점 늘어나는 추세입니다.

● Grab

'Grab(그랩)'은 택시뿐만 아니라, 오토바이, 음식 등 다양한 배달 서비스를 지원하는 앱입니다. 앱을 다운로드해서 로그인 후 사용하는 방법으로, 특히 '택시' 이용 시, 이동하고자 하는 위치를 입력하면 금액도 함께 나와서 언어가 서툴 경우에도 안전하고 편리하게 이용할 수 있습니다. 또한, 다양한 서비스도 제공하고 있으므로 베트남 여행 시, 매우 유용한 필수 앱입니다.

● Foody / Now.vn

Foody와 Now.vn은 같은 업체에서 개발된 음식 배달 앱으로, 각 지역에서 맛집 검색 및 평가 등을 제공하는 앱입니다. 베트남어와 영어가 지원되며 베트남 전화번호만 있으면 쉽고 빠르게 회원가입이 가능합니다. 맛집을 검색할 때 검색 창에 지명이나 음식점 이름 등을 입력하면 가게 주소, 메뉴, 별점 등이 모두 나오며 필터를 통해 거리순, 가격순으로도 정렬이 가능합니다.

Foody

Now.vn

Bài

4

Tiếng Việt có khó không?

베트남어 어렵나요?

Kim	Chào anh. Lâu rồi mới gặp.
	Anh có khoẻ không?
Phúc	Cảm ơn Kim. Tôi khoẻ.
	Dạo này chị thế nào?
Kim	Tôi bình thường. Dạo này tôi đang học tiếng Việt.
Phúc	Tiếng Việt có khó không?
Kim	Vâng, tiếng Việt rất khó, nhưng rất thú vị.
Phúc	Chị học tiếng Việt để làm gì?
Kim	Tôi học để sống ở Việt Nam.

해석

김　　안녕하세요. 오랜만이에요. 잘 지내세요?

푹　　고마워요 김 씨. 저는 잘 지내요. 당신은 요즘 어때요?

김　　저는 그럭저럭 지내요. 요즘 저는 베트남어를 공부하고 있어요.

푹　　베트남어 어렵나요?

김　　네, 베트남어는 아주 어렵지만, 매우 재미있어요.

푹　　무엇을 하려고 베트남어를 배우는 건가요?

김　　베트남에서 살기 위해 배워요.

새단어

▫ lâu 오래된	▫ học 배우다, 공부하다
▫ khoẻ 건강하다, 잘 지내다	▫ tiếng Việt 베트남어
▫ cảm ơn 감사하다	▫ khó 어려운
▫ thế nào 어때요	▫ nhưng 그러나, 하지만
▫ bình thường 보통, 그럭저럭	▫ thú vị 재미있는
▫ dạo này 요즘	▫ để ~하기 위해, ~하려고

1 인사와 안부 묻고 답하기

(1) 오랜만이에요!

> Lâu rồi mới gặp! = Đã rồi không gặp!

처음 만난 사이가 아닌 오랜만에 만나는 사이에서 사용하는 인사 표현입니다. 서로 같은 의미를 가지지만, 'Lâu rồi mới gặp.'이 'Đã rồi không gặp.' 보다 많이 사용되고 오랜만에 만난다는 의미에 더 가깝습니다. 상대방이 윗사람일 경우, 존중의 표현으로 문장 끝에 상대방 호칭을 붙입니다.

Lâu rồi mới gặp anh Kim.   김 형 오랜만입니다.

Đã rồi không gặp chị Trang.   짱 언니 오랜만이에요.

(2) 요즘 어떻게 지내세요?

오랜만에 다시 만났을 때는 'Dạo này(요즘)'와 'thế nào(어때요)' 사이에 상대의 인칭대명사를 넣어서 표현할 수 있습니다.

질문 Dạo này(생략 가능) + **상대방** + thế nào? : 요즘 어떻게 지내세요? / 요즘 어떠세요?

대답 Dạo này + 주어 + bình thường / vẫn vậy / ổn. : 요즘 그럭저럭해요/여전해요/괜찮아요.

A: Chị Lan, lâu rồi mới gặp chị.   란 언니, 오랜만이에요.

   Dạo này chị thế nào?   요즘 어떻게 지내세요?

B: Cảm ơn Liên, dạo này chị bình thường.
   고마워요 리엔 씨, 요즘 나는(언니는) 그럭저럭해요.

·단어· vẫn vậy 그대로이다. 여전하다   ổn 괜찮다

2 판정 의문문 [동사/형용사] : (có) ~ không?

'có ~ không?'은 상대방에게 어떤 행동을 하거나 어떤 상태를 가지고 있는지에 대해 물어볼 때 사용하는 판정 의문문으로, 'có(있다)'와 'không(없다)' 사이에 '동사/형용사'가 위치해서 '~ 하니?'라는 의미로 표현합니다.

질문 주어 + có(생략 가능) + **동사/형용사** + không? ：주어는 동사/형용사 합니까?

대답 네 ： (Có/Vâng, có/Dạ, có), 주어 + **동사/형용사**
아니오 ： (Không/Không ạ/Dạ, không), 주어 + **không + 동사/형용사**

일반적으로 답할 때는 'có/không'이라고 하면 되지만, 좀 더 예의바른 표현으로 'Vâng, có/Dạ, có' 또는 'Không ạ/Dạ, không'으로 답변하는 것이 좋습니다.

> 주어 + có + **동사** + không?

A: Chị có hiểu không?　　　언니/누나는 이해하세요?
B: Có, tôi hiểu.　　　네, 이해해요.

> 주어 + có + **형용사** + không?

A: Em có bận không?　　　너는 바빠?
B: Không ạ, em không bận.　　　아니요, 바쁘지 않아요.

> **Tip**
>
> 'có ~ không?' 문형에서 'có'를 생략하는 경우가 있습니다. 그러나 có를 생략하면 의미가 달라지는 경우도 있으므로 생략하지 않는 것을 권장합니다.
>
> ＊ 'có' 생략이 가능한 예
>
> Chị (có) hiểu không?　　언니/누나는 이해해요?
> Em (có) bận không?　　너는 바빠?

• **단어** • hiểu 이해하다　　bận 바쁘다

3 **nhưng** : 그러나, 하지만

어떤 사실이나 내용에 반대되는 말을 하거나 조건을 붙여 말할 때 쓰는 접속 부사입니다. 대립적인 두 구절이나 두 문장 사이 또는 문장 맨 앞에 위치할 수 있습니다.

> 행동/상태1 + nhưng + 행동/상태2

Siêu thị có nhiều hàng nhưng giá đắt.

마트에는 제품이 많지만, 가격이 비싸요.

Park không thích ăn thịt. Nhưng Anna rất thích.

박 씨는 고기를 좋아하지 않아요. 하지만 안나 씨는 아주 좋아해요.

4 **để** : ~하려고, ~하기 위해서

어떤 행동의 목적을 나타낼 때 để를 사용합니다. để 앞에 행동이 나오고 뒤에는 행동의 목적이 위치합니다.

> 행동 + để + 목적

Tôi đi Việt Nam để du lịch.

나는 여행하려고 베트남에 간다.

Tôi học tiếng Việt để làm việc.

나는 일하기 위해서 베트남어를 배운다.

단어 **hàng** 물건 **giá** 가격 **đắt** 비싸다 **thịt** 고기 **du lịch** 여행 가다 **làm việc** 일하다

1 〈보기〉를 보고 대화를 완성한 후, 읽어 보세요.

> ·보기·
>
>
>
> A: Tiếng Hàn Quốc có khó không?
>
> B: Không, tiếng Hàn Quốc không khó.
>
> / Có, tiếng Hàn Quốc khó.

(1) Anh có làm việc ở công ty ABC không?

➡ Không, _____ .

(2) Người Hàn Quốc có đẹp không?

➡ Có, _____ .

(3) Anh có yêu cô Trang không?

➡ Có, _____ .

(4) Chị ấy có cao không?

➡ Không, _____ .

★ 발음 체크 🎧 04-2

·단어· đẹp 아름답다. 예쁘다   yêu 사랑하다

2 녹음을 듣고 빈칸에 들어갈 그림을 선택해 보세요. 🎧 04-3

(1) A: Dạo này em làm gì?

    B: Dạo này em học _____.

(2) A: Em biết _____ không?

    B: Có ạ.

(3) A: Chị có nuôi _____ không?

    B: Chị có nuôi.

(4) A: Anh ấy thế nào?

    B: Anh ấy _____.

①

②

③

④

· 단어 · tiếng Trung (Quốc) 중국어　mèo 고양이　cao 키 크다　tiếng Anh 영어

3 그림을 보고 문장을 완성해 보세요.

(1)

Peter Chào Hòa, chào Park. _____ các bạn thế nào?

Hòa Mình _____ .

Park Mình khỏe. Còn Peter có khỏe _____ ?

(2)

Peter Em chào thầy. Đã lâu _____ gặp thầy ạ.

Mai Thầy có _____ không ạ?

Thầy _____, thầy khỏe. Cảm ơn các em.

──────────────────────────────

• 단어 • khỏe 건강하다, 잘 지내다   các bạn 친구들, 여러분들

베트남 속 다양한 관광지 1

④ 사파(Sapa, 沙垻)

① 하노이(Hà Nội)

⑤ 하롱베이(Hạ Long)

⑥ 닌빈(Ninh Bình)

⑱ 선동(Sơn Đoòng)

⑲ 황사(Hoàng Sa)

⑦ 후에(Huế)

② 다낭(Đà Nẵng)

⑧ 호이안(Hội An)

⑨ 미선(Mỹ Sơn)

⑩ 꾸이년(Quy Nhơn)

⑪ 나짱(Nha Trang)

㉑ 베트남 동해(Biển Đông)

⑫ 다랏(Đà Lạt)

호찌민(Hồ Chí Minh) ③

⑬ 무이네(Mũi Né)

⑭ 붕따우(Vũng Tàu)

⑰ 푸꾸옥(Phú Quốc)

⑮ 껀터(Cần Thơ)

⑯ 꼰다오(Côn Đảo)

⑳ 쯔엉사(Trường Sa)

① 하노이(Hà Nội)   : 베트남의 수도, 3~5월, 10~11월이 춥지도 덥지도 않은 여행 적기

② 다낭(Đà Nẵng)   : 베트남 남중부 지역의 최대 상업 및 항구 도시이자 베트남의 5대 직할시 중 하나, 2월~8월이 건기라 여행 적기

③ 호찌민(Hồ Chí Minh) : 베트남에서 가장 큰 도시, 11월~4월이 건기라 여행 적기

④ 사파(Sapa, 沙壩)   : 인도차이나 반도의 최고봉인 판시판산이 있는 곳, 3월~6월, 9월~10월이 따뜻함

⑤ 하롱베이(Hạ Long)   : 유네스코(유엔 교육 과학 문화 기구) 세계자연유산으로 지정된 곳, 3~6월, 9~10월, 봄, 가을이 가장 좋음

⑥ 닌빈(Ninh Bình)   : 지상의 하롱베이, 고대 베트남 유적이 많은 곳, 음력 1~3월, 5월 초~6월 초가 풍경이 가장 아름다운 시기

⑦ 후에(Huế)   : 베트남 마지막 왕조의 왕궁, 베트남의 고도(古都), 7월~9월 날씨가 가장 좋음

⑧ 호이안(Hội An)   : 복고적인 도시, 16세기부터 동남아의 주요 항구 및 무역 중심지, 1999년에 세계문화유산으로 등록, 여행 적기는 2~7월

⑨ 미선(Mỹ Sơn)   : 베트남에서 힌두 문화를 깊이 감상할 수 있는 곳, 여행 적기는 2~7월

⑩ 꾸이년(Quy Nhơn)   : 세계 10대 휴양지로 선정됨, 여행 적기는 5월~9월

⑪ 냐짱(Nha Trang)   : 동양의 나폴리라 불리며 여행 적기는 2~8월

⑫ 다랏(Đà Lạt)   : 하루에 사계절의 날씨가 다 있으며, 소나무로 둘러싸인 낭만적인 도시, 사계절 모두 여행하기에 좋지만 특히 가을(10월~11월)이 가장 아름다움

⑬ 무이네(Mũi Né)   : 가인 해변과 수오이 누억 해변이 유명함, 여행 적기는 9월~2월

⑭ 붕따우(Vũng Tàu)   : 아름다운 해변으로 널리 알려진 곳, 여행 적기는 5월~10월

⑮ 껀터(Cần Thơ)   : 메콩강 삼각주 최대의 도시, 여행 적기는 4월~7월

⑯ 꼰다오(Côn Đảo)   : 베트남의 매력이 가득한 관광지들 중 하나, 여행 적기는 3월~9월

⑰ 푸꾸옥(Phú Quốc)   : 베트남의 떠오르는 관광지, 여행 적기는 10월 초~3월 말

⑱ 선동(Sơn Đoòng)   : 하노이에서 약 150km 떨어져 있는 세계에서 가장 거대한 동굴, 어드벤처를 즐기는 여행가들에게는 꼭 가봐야 할 장소, 여행 적기는 2월~4월

주의

베트남에서 아래 명칭을 말할 때는 중국식 명칭이 아닌 베트남어 명칭으로 말하도록 꼭 주의해야 합니다.

⑲ 황사(Hoàng Sa)   : '시사 군도'의 베트남어 명칭

⑳ 쯔엉사(Trường Sa)   : '난사 군도'의 베트남어 명칭

㉑ 베트남 동해(Biển Đông) : '남중국해'의 베트남어 명칭

Bài

5

Năm nay anh bao nhiêu tuổi?

올해 몇 살이세요?

Hùng   Chào Park.

Park   Chào anh. Năm nay anh bao nhiêu tuổi?

Hùng   Năm nay tôi 30 tuổi. Còn anh?

Park   Năm nay tôi 22 tuổi. Anh đã kết hôn chưa?

Hùng   Rồi. Tôi đã kết hôn rồi.

Còn anh Park đã lập gia đình chưa?

Park   Chưa. Tôi chưa lập gia đình, nhưng có bạn gái rồi.

Hùng   Người Hàn Quốc kết hôn muộn phải không?

Park   Vâng, nhiều người Hàn kết hôn muộn.

해석

훙	안녕하세요 박 씨.
박	안녕하세요. 올해 몇 살이세요?
훙	올해 전 30살이에요. 당신은요?
박	올해 전 22살이에요. 결혼하셨어요?
훙	네. 저는 결혼했어요. 박 씨는 결혼하셨어요?
박	아직이요. 저는 아직 결혼 안 했지만, 여자친구가 있어요.
훙	한국 사람은 늦게 결혼하는 게 맞죠?
박	네, 많은 한국 사람이 늦게 결혼해요.

새단어

▫ **năm nay** 올해	▫ **chưa** 아직
▫ **bao nhiêu** / **mấy** 얼마 / 몇	▫ **có** 있다
▫ **tuổi** 나이	▫ **bạn gái** 여자친구
▫ **kết hôn** 결혼하다	▫ **muộn** 늦다. 늦게
▫ **lập gia đình** 가족을 형성하다 = 결혼하다	▫ **nhiều** 많다. 많이, 많은

1 나이와 결혼 유/무 묻고 답하기

(1) 올해 몇 살이에요?

| 질문 | (Năm nay) + 인칭대명사 + bao nhiêu tuổi? : 올해 (인칭) 몇 살이에요?

Năm nay, anh/chị bao nhiêu tuổi?　　　올해, 몇 살이에요?

| 대답 | (Năm nay) + 인칭대명사 + 나이 + tuổi. : 올해 (인칭) ~살이에요

Năm nay, tôi 27 tuổi.　　　　　　올해, 저는 27살이에요.

나이를 비교 대상없이 바로 대답하기도 하지만, 비교해서 표현하는 방법도 있습니다.

① 나이가 같을 때

상대방과 나와 나이가 같을 때는 'bằng tuổi(나이가 같은)'를 사용합니다.

> 주어1 + bằng tuổi + 주어2 : 주어1은 주어2와 나이가 같다

Tôi bằng tuổi anh ấy.　　　나는 그와 동갑입니다.
Soojin bằng tuổi Nga.　　　수진은 응아와 동갑이다.

② 상대보다 나이가 많을 때

상대방보다 나이가 많을 때는 'hơn ~ tuổi(~보다 ~살 많은)'를 사용합니다.

> 주어1 + hơn + 주어2 + 숫자 + tuổi : 주어1은 주어2보다 ~살 더 많다

Tôi hơn Thu 2 tuổi.　　　나는 투보다 2살 많다.
Mẹ tôi hơn mẹ thầy Park 4 tuổi.　우리 엄마는 박 선생님의 어머니보다 4살 더 많으시다.

· 단어 · bằng 같다/동등하다　hơn 더

(2) 결혼하셨어요?

질문　**주어 + đã kết hôn chưa?** : 당신은 결혼하셨어요?

　　　　　　= lập gia đình / có gia đình
　　　　　　= lấy vợ (주어가 남자일 경우: 장가 가다)
　　　　　　= lấy chồng (주어가 여자일 경우: 시집 가다)

대답　네　　: Rồi. Tôi đã kết hôn rồi. : 했어요. 이미 결혼 했습니다.
　　　아니오 : Chưa, tôi chưa kết hôn. : 아니요. 아직 결혼 안 했습니다.
　　　　　　　Chưa, tôi còn độc thân. : 아니요, 저는 아직 싱글이에요.

② Mấy / Bao nhiêu : 몇 / 얼마

수량, 숫자, 나이, 가격 등을 물을 때 쓰는 대명사로 명사 앞에 위치합니다. 이와 비슷한 표현으로 'mấy'가 있지만, 니이를 물어볼 때는 'bao nhiêu'를 쓰는 것이 더 예의 바른 표현입니다. 특히, 윗사람에게는 'bao nhiêu'만을 사용합니다.

> mấy / bao nhiêu + (단위) 명사

Mấy 　　　　: 10단위 이하를 묻는 경우
Bao nhiêu : 10단위 이상 또는 답의 숫자 범위가 많은지 적은지 모르는 경우

A: Năm nay, em mấy tuổi?　　　　　올해, 너는 몇 살이니?

B: Dạ, em 8 tuổi.　　　　　　　　　저는 8살이에요.

A: Công ty anh có bao nhiêu nhân viên? 당신의 회사에는 직원이 몇 명 있나요?

B: Công ty tôi có 20 nhân viên.　　저희 회사는 직원이 20명 있어요.

단어 độc thân 싱글　　nhân viên 직원

 **핵심 표현**

3 Có / Không có + 명사 : ~ 있다/없다

사람, 동물, 사물 등이 실제로 존재하거나 존재하지 않는 상태를 나타냅니다. 'có'는 '있다', 'không có'는 '없다'로 해석할 수 있습니다.

> Có/Không có + **명사** : 명사가 있다/없다

Lớp tôi có 2 người Hàn Quốc.	우리 반에는 한국 사람이 2명 있습니다.
Tôi không có điện thoại.	저는 휴대폰이 없습니다.

4 đã ~ chưa? : ~ 했니?

'chưa'는 상대방에게 '자기가 모르는 것'을 물어볼 때 사용하며, 의문문 형태를 가지고 과거시제의 역할도 동시에 하므로 '과거 판정 의문문'으로 분류합니다. 대화 중 'đã'는 생략이 가능합니다.

질문 　**주어 + đã**(생략 가능) **+ 동사/형용사 + chưa?** : 주어는 형용사/동사 했나요?

대답할 때, 그 행동을 했을 경우에는 rồi를 동사/형용사 뒤에 위치시키고, 아직 하지 않은 상태일 경우에는 chưa 뒤에 동사/형용사를 위치시켜 부정형을 만듭니다. chưa는 '아니오/아직이요'라는 의미로 독립 사용이 가능합니다.

대답 　● 그 행동을 이미 진행했거나 완료된 경우

　　　　Vâng / Rồi, 주어 + (đã) + 동사/형용사 + rồi : 네. ~ 했습니다

　　　　● 그 행동을 아직 진행하지 않은 경우

　　　　Chưa, 주어 + chưa + 동사/형용사 : 아니요, 아직 안 했습니다

단어 lớp 반, 수업　rồi 이미, 벌써

A: Anh đã ăn cơm chưa? 밥 먹었어요?

B: Vâng/Rồi, tôi ăn rồi. 네, 먹었어요.

A: Bạn đã làm bài tập chưa? 너는 숙제했어?

B: Chưa, tôi (vẫn) chưa làm bài tập.
아니, (아직) 안 했어.

Tip

4과에서 배운 'có~không?' 의문문과 'đã~chưa?' 의문문의 의미는 서로 혼동하기 쉬우므로 잘 구별해야 합니다.

* có ~ không?과 đã ~ chưa? 비교

주어 + **có** + 동사/형용사 + **không?**	주어 + **đã** + 동사/형용사 + **chưa?**
(동사/형용사) 합니까?	(동사/형용사) 했습니까?
Anh *có* học tiếng Việt không? 당신은 베트남어를 공부합니까?	Anh đã xem phim Hàn Quốc chưa? 한국영화를 보았습니까?

단어 ăn cơm 밥을 먹다   làm bài tập 숙제하다   học tiếng Việt 베트남어를 배우다   xem 보다, 구경하다
phim 영화, 드라마

1 〈보기〉와 같이 대화를 완성한 후, 읽어 보세요.

・보기・

A: Lớp anh có bao nhiêu học sinh?

B: <u>Lớp tôi có 3 học sinh</u>.

(1)

A: Anh ấy bao nhiêu tuổi? (35)

B: Anh ấy _____.

(2)

A: Số điện thoại là bao nhiêu?

B: Số điện thoại là _____.

(3)

A: Văn phòng có mấy người?

B: Văn phòng có _____.

(4)

A: Em ấy cắt tóc chưa?

B: _____, em ấy _____.

★ 발음 체크 🎧 05-2

 듣기 연습

2 녹음을 듣고 빈칸을 적어 보세요. 🎧 05-3

(1) A: Chào Anna.

B: Chào anh Hùng, năm nay _____?

(2) A: Năm nay tôi 23 tuổi, còn chị?

B: Năm nay tôi _____.

(3) A: Số điện thoại của anh là bao nhiêu?

B: 0907 _____.

(4) A: Lớp học của anh là phòng bao nhiêu?

B: Phòng số ____.

단어 số điện thoại 전화번호   văn phòng 사무실   người 사람/명   cắt tóc 머리 자르다   phòng số 호실

5과 올해 몇 살이세요?

3 〈보기〉를 보고 회화 내용에 맞게 빈칸을 적어 보세요.

> **보기**
>
> 훙   안녕하세요 박 씨.
>
> 박   안녕하세요. 올해 몇 살이세요?
>
> 훙   올해 전 30살이에요. 당신은요?
>
> 박   올해 전 22살이에요.
>   저는 아직 결혼 안 했지만, 여자친구가 있어요.

Hùng Chào Park.

Park Chào anh. Năm nay anh _____ tuổi?

Hùng Năm nay tôi 30 tuổi. Còn anh?

Park Năm nay tôi 22 _____.

Tôi _____ lập gia đình, nhưng _____ bạn gái rồi.

한국인이 좋아하는 베트남 음식

베트남 음식은 향신료를 사용하는 음식들이 많이 있습니다. 그중에서 한국인들도 좋아하는 대중적인 음식들을 알아봅시다.

● 쌀국수 (phở)

베트남 음식 중 한국인들이 가장 좋아하는 음식은 '쌀국수'입니다. '웰빙' 열풍에 걸맞는 낮은 칼로리와 담백한 맛이 대표적이며, 소고기 육수와 숙주나물에 새콤한 라임즙을 짜 넣어서 먹는 국수입니다. 고수는 한국인의 호불호가 강하므로 기호에 따라 먹습니다.

● 분짜 (bún chả)

분짜는 숯불에 구운 돼지고기 완자와 국수 및 각종 향료 야채들을 소스에 적셔서 먹는 음식입니다. 주로 베트남의 북부, 특히 하노이에서 자주 먹는 음식으로 소스가 새콤달콤해서 한국인들도 좋아하는 음식 중 하나입니다.

● 반쎄오 (bánh xèo)

반쎄오는 쌀가루 반죽에 각종 채소, 해산물 등을 얹어 반달 모양으로 접어 부쳐낸 음식으로, 한국의 파전이나 빈대떡과 비슷한 요리입니다. 베트남 현지의 노점이나 식당에서 쉽게 접할 수 있는 대중적인 음식 중 하나입니다.

Bài

6

Đây là cái gì?

이것은 무엇인가요?

Park   Hòa ơi, đây là cái gì?

Hòa   Đây là quyển sách của tôi.

Park   Còn kia là cái gì?

Hòa   Kia là cái laptop.

Park   Cái laptop kia có phải là của Hòa không?

Hòa   Không, không phải là của tôi.

Park   Nó là của ai?

Hòa   Là của Anna.

Park   Trông đẹp nhỉ.

· 해석 ·

박	화, 이것은 무엇인가요?
화	이것은 제 책이에요.
박	그리고 저것은 무엇인가요?
화	저것은 노트북이에요.
박	저 노트북은 화 씨 건가요?
화	아니요, 저의 것이 아니에요.
박	저것은 누구의 것인가요?
화	안나 씨 거예요.
박	예뻐 보이네요.

· 새단어 ·

▫ ơi ~아/야	▫ của ~의
▫ cái gì 무엇	▫ nó 저것, 그것 (사물), 저/그 아이 (사람)
▫ quyển sách 책	▫ ai 누구
▫ kia 저 / 저것	▫ trông 보다, 보이다
▫ laptop 노트북	▫ đẹp 예쁘다, 아름답다

1 지시대명사 : đây, kia, đó

문장 맨 앞에서 독립적으로 사용하며 대부분 'là(이다)'와 결합하여 'đây là, kia là, đó là (이것은/이분은, 그것은/그분은, 저것은/저분은)'로 표현합니다. (지시사 19p. 참고)

đây	이것, 여기
đó	그것, 거기
kia	저것, 저기

＊ 사물과 사람 모두를 가리킬 때 쓰입니다.

(1) 이것

　　A: Đây là cái gì? 　　　　　이것은 무엇입니까?

　　B: Đây là cái đồng hồ. 　　이것은 시계입니다.

(2) 그것

　　A: Đó là cái gì? 　　　　　　그것은 무엇입니까?

　　B: Đó là quyển sách tiếng Việt. 　그것은 베트남어 책입니다.

(3) 저것

　　A: Kia là cái gì? 　　　　　　저것은 무엇입니까?

　　B: Kia là quả cam. 　　　　　저것은 오렌지입니다.

단어 (cái) đồng hồ 시계　(quả) cam 오렌지　quê hương 고향　bố mẹ 부모님　ông nội (친)할아버지
　　　điện thoại 폰, 전화기　(ngôi) nhà 집　(con) cún 강아지

2 của : ~의

'của'는 '~의'라는 의미를 가진 소유격 조사입니다. 소유하는 물건/사물/사람이 앞에 나오고 소유하는 대상이 뒤에 위치합니다.

> A của B : A는 B의 것이다

Công ty của chúng tôi   우리의 회사

Con mèo của chị Linh   린 언니의 고양이

물질적이지 않고 추상적이거나 또는 소유자에게 친근한 대상인 경우, của를 생략하는 경향이 있습니다. 단, '아버지의 아버지, 큰 회사의 작은 회사' 등은 생략하면 안됩니다.

quê hương của tôi = quê hương tôi   나의 고향 = 내 고향

bố mẹ của tôi = bố mẹ tôi   나의 부모님 = 내 부모님

Bố của bố là ông nội.   (O)   아버지의 아버지는 할아버지이다.

Bố bố là ông nội.   (×)

질문   **주어 + là của ai?** : 주어는 누구의 것입니까?

대답   **(주어) là của + 명사** : (주어는) 명사의 것입니다

A: Điện thoại này là của ai?   이 폰은 누구의 것입니까?

B: Điện thoại này là của tôi.   이 폰은 저의 것입니다.

A: Ngôi nhà đó là của ai?   그 집은 누구의 것인가요?

B: Là của ông tôi.   제/저희 할아버지(의) 거예요.

A: Con cún kia là của ai?   저 강아지는 누구(의) 거야?

B: Của chị Linh.   린 언니의 거(야).

※ 화자와 청자 사이의 친근도에 따라서 대답할 때 주어부터 là까지는 생략이 가능합니다.

3 단위 명사

'1개, 1권, 1마리' 등 어떤 대상의 '수량'을 말할 때, 그 수량을 나타내는 숫자 외에 해당 대상을 가리키는 것을 '단위 명사'라고 합니다. 단위 명사는 대상(명사)의 종류에 따라 달라지기 때문에 '종별사, 분류사'라고도 합니다.

(1) 단위 명사의 종류

동물	con (마리)	– 생명이 있는 명사 앞에 사용 – 동물, 사람 포함	mèo 고양이, gà 닭, chó 강아지, lợn 돼지, chim 새, bò 소, cá 물고기, chuột 쥐 …
사물/물건	cái (개)	– 무생물 명사 앞에 사용 – 대부분의 사물에 사용 가능	đồng hồ 시계, tủ lạnh 냉장고, xe máy 오토바이, ghế 의자, điện thoại 핸드폰
	북 : quả 남 : trái (개)	– 과일 또는 동그란 모양 앞에 사용	cam 오렌지, chanh 레몬, dưa hấu 수박, táo 사과, nho 포도 …
	quyển (권)	– 책, 사전 등의 단위 (= cuốn)	sách 책, vở 공책, từ điển 사전 …
	bức (장)	– 사각형의 물체인 명사 앞에 사용	thư 편지, tranh 그림, ảnh 사진 …
	tờ (장)	– 얇은 종이 등의 명사 앞에 사용	giấy 종이, tiền 돈, báo 신문 …

(2) 숫자와 결합

숫자가 앞에 쓰일 때는 명사 앞에 단위 명사를 반드시 사용해야 합니다.

주어		단위 명사	명사	해석
1	+	quyển	sách	책 1권
2		cây	bút	펜 2개

(3) 수량을 묻는 의문사와 결합

Mấy/Bao nhiêu는 수량을 묻는 대표적인 의문사입니다. 이때 단위 명사를 사용합니다.

의문대명사		단위 명사	명사	해석
Bao nhiêu	+	con	mèo?	고양이 몇 마리?
Mấy		quả	cam?	오렌지 몇 개?
Mấy		cái	ghế?	의자 몇 개?

4 trông + 형용사

어떤 사람이나 사물을 겉으로 보고 묘사할 때 'trông'을 사용합니다.

질문　Trông + 주어 + thế nào? : 주어가 어때 보이나요?

대답　Trông + 주어 + 형용사 : 주어가 형용사해 보이다
= 주어 + trông + 형용사

A: Trông em thế nào?　나 어때 보여요?

B: Trông em có cá tính.　개성 있어 보이지.

A: Đây là anh trai của tôi. Trông thế nào?

여기 제 형인데요. 어때 보여요?

B: Anh trai bạn trông bảnh nhỉ.

형이 멋져 보이시네요.

※ 주어가 어떤 것인지 이미 알고 있는 경우, 주어는 생략 가능합니다.

단어 · cá tính 개성　bảnh 멋지다

말하기 연습

1 〈보기〉와 같이 그림을 보고 단위 명사를 사용하여 적은 후, 읽어 보세요.

·보기·

책상 3개 <u>Ba cái bàn</u>

(1)

자전거 5대 _____

(2)

사진 2개 _____

(3)

소 3마리 _____

(4)

책 1권 _____

(5)

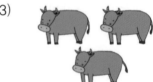

수박 4 개 _____

★ 발음 체크 🎧 06-2

·단어· xe đạp 자전거   (bức) ảnh 사진   (con) bò 소   (quyển) sách 책   (quả) dưa hấu 수박

2 녹음을 듣고 빈칸을 적어 보세요.

(1) Chị Hoa có 3 quả _____.

(2) Kia là cái _____.

(3) Đó là _____.

(4) Đó là _____.

3 2번 문제의 각 문항에 맞는 그림을 찾아 보세요.

(1) _____ (2) _____ (3) _____ (4) _____

①  ②

③ ④

• 단어 • (quả) cam 오렌지   (con) cún 강아지   (cái) ba lô 가방

4 〈보기〉를 보고 회화 내용에 맞게 빈칸을 적어 보세요.

보기

박   화, 저것은 <u>무엇</u>인가요?

화   <u>저것</u>은 컴퓨터예요.

박   저 컴퓨터는 <u>누구</u>의 것인가요?

화   저 컴퓨터는 <u>안나</u>의 것이에요.

박   예뻐 <u>보이네</u>요.

Park   Hòa ơi, kia là _____?

Hòa   _____ là cái máy vi tính.

Park   Cái máy vi tính kia là của _____?

Hòa   Cái máy vi tính kia là _____ Anna.

Park   _____ đẹp nhỉ.

단어 máy vi tính 컴퓨터(PC)

베트남의 쇼핑 리스트

베트남에는 각종 커피와 차, 건과일 등 많은 쇼핑 상품들이 있습니다. 그중에서 한국인들이 선호하는 쇼핑 상품을 알아봅시다.

● 콘삭(Con Soc) 커피

베트남 커피는 한국에서도 이미 유명해져서 찾는 이가 많은 상품 중 하나입니다. 그중 일명 '다람쥐 커피'로 유명한 콘삭(Con Soc) 커피는 실제로 다람쥐 똥으로 만든 커피가 아니라 다람쥐가 헤이즐넛 향을 좋아한다는 것에 착안하여 만들어진 브랜드입니다.

● 노니(Noni) 차

노니의 효능은 이미 예전부터 많이 알려져 있어서 슈퍼푸드로 한국인들에게 많은 사랑을 받고 있는 상품입니다. 항암 효과, 당뇨 개선, 피부 미용 등의 효능을 가진 건강식품으로 음료, 환 등으로 가공되어 여행객들에게 많은 사랑을 받고 있습니다.

● 건과일

베트남은 열대 지역에 있기 때문에 당도가 높은 열대 과일이 유명합니다. 그중에서도 건과일은 망고, 바나나 등 종류가 다양하고 국내 반입이 가능하기 때문에 여행객들이 많이 찾는 상품입니다. 유명한 브랜드로는 '비나밋(Vinamit)'이 있습니다.

Gia đình tôi có 5 người.

우리 가족은 5명입니다.

Hòa Gia đình anh Park có 5 người à?

Park Vâng, gia đình tôi có 5 người :

Bố, mẹ, anh trai, chị gái và tôi.

Hoà Người này là ai?

Park Người này là chị gái tôi.

Hòa có chị gái không?

Hòa Không, tôi không có chị gái.

Tôi có một anh trai.

화	박 씨의 가족은 5명이에요?
박	네, 우리 가족은 5명입니다.
	아버지, 어머니, 형, 누나 그리고 저예요.
화	이 사람은 누구예요?
박	이 사람은 제 누나예요.
	화 씨는 언니 있어요?
화	아니요, 언니는 없어요.
	저는 오빠 한 명이 있어요.

새단어

▫ gia đình 가족	▫ chị (gái) 누나, 언니
▫ bố 아버지	▫ người 사람
▫ mẹ 어머니	▫ này 이(것)
▫ bố mẹ 부모님	▫ anh trai 형, 오빠

1 가족 묻고 답하기

● 당신의 가족은 몇 명입니까?

질문 Gia đình + 인칭대명사 + có mấy người? : 당신의 가족은 몇 명입니까?

대답 Gia đình + 인칭대명사 + có + 가족 수 + người. : 우리 가족은 ~명입니다

A: Chị Liên, gia đình chị có mấy người?　　리엔 씨, 가족이 몇 명이에요?
B: Gia đình tôi có 4 người.　　우리 가족은 4명입니다.

2 판정 의문문 [명사] : có ~ không?

소유의 의미로 언급되는 대상이 어떤 물건, 주체를 갖고 있는지 물을 때는 '~이 있습니까?' 라는 의미로 표현됩니다. Có가 단독 동사로 사용될 경우, '있다'라는 의미가 되고 không 은 문장 끝에서 의문문을 만들어 주는 역할을 합니다. (동사/형용사 결합 : 4과 참고)

질문 주어 + có + 명사 + không? : 주어는 명사가 있습니까?

대답 Có, 주어 + có + (명사) : 네, ~ 있습니다
　　　　Không, 주어 + không có + (명사) : 아니요, ~ 없습니다

Em ấy có bạn trai không?　　그 동생은 남자친구가 있어요?
Có, em ấy có (bạn trai).　　네, (남자친구가) 있어요.

Bạn có chị gái không?　　(당신은) 누나/언니가 있어요?
Không, tôi không có (chị gái).　　아니요, (누나/언니가) 없어요.

단어 bạn trai 남자친구

3 확인 의문사 : à, ạ

어떤 일에 대해 추측하거나 이미 아는 사실을 다시 확인하고 싶을 때 문장 끝에 위치해서
의문사를 만들어 주는 역할을 합니다. 대화 상대와의 관계에 따라 쓰임이 달라집니다.
(= Phải không)

(1) à : 친구 또는 친한 관계에서 사용

Hôm nay anh gặp Anna à?   오늘 오빠는 안나를 만나?

Bạn là học sinh à?   학생이야?

Anh thích cà phê à?   오빠 커피 좋아해?

(2) ạ : 존중하는 윗사람에게 사용

Ngày mai chúng ta nghỉ ạ?   내일 우리가 쉬는 건가요?

Chị là chị Yến ạ?   당신은 이엔 씨 맞으세요?

| 대답 | 예 | : phải / vâng. |
| | 아니오 | : không phải. |

Em thích anh ấy à?   당신은 그를 좋아합니까?

= Em thích anh ấy phải không?

Dạ vâng / phải, em thích anh ấy.   네. 나는 그를 좋아합니다.

Dạ không phải, em không thích anh ấy. 아니요. 나는 그를 안 좋아합니다.

• 단어 • học sinh 학생   cà phê 커피   nghỉ 쉬다   thích 좋아하다

 **핵심 표현**

4 **và** : 그리고

2가지 이상의 행동 또는 사실을 대등하게 연결하는 어미이며 명사, 동사, 형용사 모두 연결 가능합니다. 단 두 대상이 동등해야 합니다.

Công ty này to và đẹp quá!	이 회사는 너무 크고 예쁘네요!.
Món này ngon và rẻ.	이 음식은 맛있고 싸요.
Minho và Hoa là bạn.	민호와 화는 친구예요.
Tôi gặp bạn và ăn tối ở nhà hàng.	나는 친구를 만나고 레스토랑에서 저녁 먹어요.

★주의 **và**와 **còn** 혼동 주의!

và와 còn은 '그리고'의 뜻을 가지고 있지만, và는 동등한 두 대상을 이어줄 때, còn은 화제를 전환할 때 사용합니다.

Tôi là người Hàn Quốc còn anh ấy là người Việt Nam.
나는 한국 사람이다 그리고 그는 베트남 사람이다.

5 관계사 : **ai, cái gì, đâu**

(1) **ai** : 누가(주어) / 누구(서술어)

Ai là anh Park?	누가 박 씨입니까?
Anh Kim là ai?	김 씨는 누구입니까?

(2) **cái gì** : 무엇

Đây là cái gì?	이것은 무엇입니까?

(3) **đâu** : 어디

Đây là đâu?	여기는 어디입니까?

단어 **to** 크다 **đẹp** 예쁘다. 아름답다 **món** 음식 **ngon** 맛있다 **rẻ** 싸다 **bạn** 친구 **ăn tối** 저녁을 먹다
nhà hàng 레스토랑

1 그림을 보고 대화를 완성한 후, 읽어 보세요.

(1)

A: Đây là cái gì?

B: Đây là _____.

(2)

A: Gia đình em có mấy người?

B: Gia đình em có _____.

(3)

A: Đây là đâu?

B: Đây là _____.

(4)

A: Đây là ai?

B: Đây là _____.

★ 발음 체크 🎧 07-2

• 단어 • phòng học 교실   ca sỹ/sĩ 가수

2 녹음을 듣고 맞으면 (Đ), 틀리면 (S)에 체크하세요.　🎧 07-3

(1) Chị Anna có em gái.　　　　　　　(Đ , S)

(2) Chị Anna có em trai.　　　　　　　(Đ , S)

(3) Gia đình chị Anna có 5 người.　　　(Đ , S)

(4) Chị Anna có anh trai.　　　　　　　(Đ , S)

3 녹음을 듣고 빈칸을 적어 보세요.　🎧 07-4

(1) Cô ấy là _____ ?

(2) Bạn ấy hiền _____ thông minh.

(3) Anh có thích cà phê _____ ?

(4) Gia đình tôi có _____ .

단어　hiền 착하다　　thông minh 똑똑하다, 총명하다

4 〈보기〉를 보고 회화 내용에 맞게 빈칸을 적어 보세요.

· 보기 ·

화   박 씨 가족은 5명이에요?

박   네, 우리 <u>가족</u>은 5명입니다.

        아버지, <u>어머니</u>, 형, 누나 그리고 저예요.

화   이 사람은 누구예요?

박   이 사람은 제 누나예요.

        화 씨는 언니 있어요?

화   아니요, 언니는 <u>없어요</u>. 저는 오빠 한 명이 <u>있어요</u>.

Hòa   Gia đình anh Park có 5 người à?

Park Vâng, _____ tôi có 5 người:

        Bố, _____, anh trai, chị gái và tôi.

Hoà   Người này là ai?

Park Người này là chị gái tôi.

        Hòa có chị gái không?

Hòa   Không, tôi _____ chị gái.

        Tôi _____ một anh trai.

베트남의 온라인 쇼핑 플랫폼

베트남에서는 온라인쇼핑이 보편화되면서 다양한 전자상거래 플랫폼이 빠르게 발전하고 있습니다. 동남아에서 가장 유명한 온라인 쇼핑몰인 '쇼피(Shopee)'와 '라자다(Lazada)'가 베트남에서도 활성화되어 있고, 베트남 자체 온라인 쇼핑몰인 '티키(Tiki)'와 '센도(Sendo)' 또한 인기가 많으며 매년 성장세에 있습니다. 각 쇼핑몰별로 상품의 품질, 가격, 배송비 등에 차이가 있으므로 베트남에서 온라인 쇼핑몰을 이용할 일이 있다면 참고하시기 바랍니다.

베트남에서 대중적인 전자상거래 플랫폼 사이트

Shopee(쇼피) : shopee.vn
Lazada(라자다) : www.lazada.vn
Tiki(티키)   : tiki.vn
Sendo(센도)   : www.sendo.vn

1. 상품의 다양성 및 품질

- Lazada : 여러 상점이 등록되어있기 때문에 상품 수가 상당히 많고, 품질도 믿을 만한 편입니다. Lazada의 상품 수량은 Tiki보다 많지만 Shopee만큼은 많지 않습니다.
- Tiki : 온라인 서점으로 시작하여 현재는 각종 생활용품, 화장품, 식품 등 다양한 상품을 판매하고 있습니다. 자체적으로 엄격한 상품 검열이 있어 타 사이트에 비해 상품 수량이 많지 않지만 상품의 품질이 더 좋습니다. "100% 정품 보장, 정품이 아니면 100% 환불" 슬로건을 내걸고 있습니다.
- Shopee : 상품 수가 가장 많지만, 가품(짝퉁)도 많고 가품 여부를 소비자가 구분하기 쉽지 않기 때문에 후기를 꼼꼼히 살피고 구매하는 것이 좋습니다.
- Sendo : 상품 수는 상당히 많습니다. Tiki만큼 철저한 상품 관리까지는 아니라 품질이 좋지 않은 상품도 있습니다.

2. 가격

- Lazada : 같은 판매자의 상품 기준 다른 플랫폼과 비교적 비슷한 가격으로 판매됩니다. (각종 이벤트 등으로 가격 차이가 날 수 있습니다.)
- Tiki : 티키의 판매 가격은 상당히 안정적으로 큰 변동이 없고, 다른 플랫폼에 비해 상품의 종류가 다양하지 않아 가격도 비싼 편입니다.

- Shopee : 앞의 두 플랫폼에 비해 Shopee는 가격 경쟁력이 높은 편입니다. "더 싸게 파는 곳이
있으면 무조건 환불"이라는 슬로건을 내걸고 있습니다. 다양한 프로모션과 무료배송
코드를 주는 편입니다.
- Sendo : 상품 가격은 타 플랫폼과 비슷한데 환불 요금이 제품 원가의 20%로 상당히 높습니다.

3. 세일/이벤트

- Lazada : 11월 11일, 12월 12일, 블랙 프라이데이에 세일 행사가 있고 Tiki, Shopee와 비슷하게
연말 행사가 많습니다. '0VND' 세일 이벤트가 가장 인기가 많습니다.
- Tiki   : 9월 9일, 10월 10일, 11월 11일, Tiki의 생일 3월 19일에 세일 행사가 있습니다. '최대
91% 세일' 이벤트가 가장 인기가 많습니다.
- Shopee : 10월 10일, 11월 11일, 12월 12일, 블랙 프라이데이 등에 세일 행사가 있습니다.
1000VND, 10,000VND 세일 행사가 가장 인기 있고, 결제 시 사용할 수 있는 포인트
를 쌓는 미니 게임이 매일 있는 점이 특징입니다.
- Sendo : 다른 플랫폼과 마찬가지로 연중 세일 행사가 있습니다.

4. 배송비

- Lazada : 배송비가 타 플랫폼에 비해 상당히 높은 편입니다.
- Tiki   : 주문 건에 따라 배송비가 산정됩니다. 즉, 여러 판매자로부터 물건을 주문하더라도 장
바구니 1건으로 주문하면 배송비는 1건으로 처리됩니다. 또 티키멤버십 패키지를 구매
하면 품목이나 판매자에 관계없이 무료 배송으로 받을 수도 있습니다.
- Shopee : 반대로 Shopee에서 주문하면 여러 판매자별로 배송비를 내야 합니다. 배송업체에서
물건의 크기와 배송 거리에 따라 배송비를 매기기 때문에 상당히 복잡하고 변동이 많
습니다.
- Sendo : 배송비가 비싼 편이고 배송시간이 보장되지 않습니다.

Bây giờ là mấy giờ?

지금 몇 시예요?

학습할 내용

❶ 시간 표현

❷ 현재진행시제 : đang

Hòa   Anh ơi, bây giờ là mấy giờ?

Bình   7 giờ 15 phút rồi.

Hòa   Bố mẹ đang làm gì?

Bình   Bố đang đọc báo, còn mẹ đang nấu cơm.

Mẹ   Hòa về rồi hả con?

Hòa   Vâng, con về rồi.

Bố   Chào con.

       Bình ơi, phim bắt đầu lúc mấy giờ?

Bình   Dạ, 8 giờ ạ.

· 해석 ·

화	오빠, 지금 몇 시예요?
빈	7시 15분이야.
화	아빠랑 엄마는 뭐하고 계세요?
빈	아빠는 신문을 읽으시고, 엄마는 요리하고 계셔.
어머니	화 집에 왔니?
화	네, 들어왔어요.
아버지	응 왔네(직역: 안녕, 아가). 빈, 드라마는 몇 시에 시작하니?
빈	8시요.

· 새단어 ·

▫ **bây giờ** 지금	▫ **nấu cơm** 밥을 하다. 요리하다
▫ **giờ** 시	▫ **về** 집에 가다/오다
▫ **phút** 분	▫ **phim** 드라마. 영화
▫ **đọc báo** 신문 읽다	▫ **bắt đầu** 시작하다

1 시간 표현

buổi는 하루를 나누는 시간대의 단위입니다. (시간 말하기 23p. 참고)

오전, 아침	(buổi) sáng : 1시부터 10시까지	저녁	(buổi) tối : 19시부터 22시까지
정오, 점심	(buổi) trưa : 11시부터 12시까지	밤	đêm : 23시 이후 새벽까지
오후	(buổi) chiều : 13시부터 18시까지		

이때, 시간과 결합을 하면 하루를 나누는 시간대의 단위인 'buổi'를 생략하고 시간을 표현합니다.

   8 giờ sáng 아침 8시　　　**1 giờ chiều** 오후 1시　　　**9 giờ tối** 저녁 9시

6:00	6 giờ sáng	아침 6시
13:00	1 giờ chiều	오후 1시
21:15	9 giờ 15 phút tối	저녁 9시 15분
22:20	10 giờ 20 phút đêm	밤 10시 20분
3:20	3 giờ <u>kém</u> 20 phút	3시 20분 전
2:40	2 giờ 40 phút	2시 40분
8:00	<u>khoảng</u> 8 giờ	대략 8시
4:30	4 giờ 30 phút / 4 giờ <u>rưỡi</u>	4시 30분 / 4시 반
7:00	7 giờ / 7 giờ <u>đúng</u>	7시 정각

· 단어 · kém ~ 전　khoảng 대략, 약　rưỡi 30분, 반, 절반의　đúng 정각의

(1) 지금 몇 시예요?

가까운 관계 또는 아랫사람에게 질문하는 경우에는 'Mấy giờ rồi?'라고 짧은 문형으로 표현하기도 합니다. 답변에서 'phút'은 구어체에서 생략이 가능합니다.

질문   Bây giờ là mấy giờ? : 지금 몇 시예요?

      = Mấy giờ rồi? (친한 사이 또는 아랫사람에게 사용)

A: Bây giờ là mấy giờ?   지금 몇 시예요?

B: 11 giờ 20 phút.   11시 20분이에요.

A: Mấy giờ rồi?   지금 몇 시예요?

B: 10 giờ đêm rồi.   밤 10시요. (※ rồi 생략 가능)

(2) 몇 시에 ~해요?

문장 끝에 lúc mấy giờ를 사용해 '몇 시에 ~해요?'라는 표현을 만들 수 있습니다.

질문   주어 + 행동 + lúc mấy giờ? : 몇 시에 ~해요?

대답   주어 + 행동 + lúc ~ giờ (시간) : ~시에 ~해요

주어	+		+	lúc mấy giờ?	
		thức dậy			몇 시에 일어납니까?
		ăn sáng			몇 시에 아침 먹습니까?
		đi làm / đi học			몇 시에 일하러/학교 가나요?
		đến công ty / đến trường			몇 시에 회사/학교 도착해요?
		ăn trưa			몇 시에 점심 먹어요?
		về nhà			몇 시에 집에 가세요?

lúc은 시간 앞에 쓰이는 전치사입니다.

> A: Tiết học bắt đầu lúc mấy giờ?　　수업이 몇 시에 시작하죠?
>
> B: Tiết học bắt đầu lúc 3 giờ chiều.　　수업은 오후 3시에 시작해요.

시간에 관한 질문을 할 때, 문장 끝에서 시간을 물을 때에는 반드시 전치사 'lúc'을 써야 합니다. 그러나 문장 앞에서 시간을 물을 때에는 전치사 'lúc'을 생략하여 시간을 묻습니다.

> A: Mấy giờ chị đi làm?　　몇 시에 출근하세요?
>
> 　(= Chị đi làm lúc mấy giờ?)
>
> B: Tôi đi làm lúc 8 giờ sáng.　　아침 8시에 출근해요.

2　현재진행시제 : đang

동사의 현재진행형을 표현하는 시제로 말하는 시점 또는 어떤 정확한 시점을 나타냅니다.

đang + 동사

Tôi đang làm việc.	나는 일하고 있다.
Cô ấy đang học tiếng Việt.	그녀는 베트남어를 배우고 있다.
Minho đang gặp bạn.	민호는 친구를 만나고 있다.

말하는 시점에 무슨 행동을 하고 있는지 묻는 표현입니다.

질문 주어 + đang làm gì?	대답 주어 + đang + 행동(동사)
A: Anh đang làm gì? 뭐하고 있어요?	B: Tôi đang xem TV. TV를 보고 있어요.
A: Mẹ đang làm gì? 엄마가 뭐하고 계세요?	B: Mẹ đang nấu ăn. 엄마는 요리하고 계세요.

> 단어　tiết học 수업, 교시　bắt đầu 시작하다　đi làm 출근하다　làm việc 일하다　học 배우다
> 　　　bạn 친구　xem 보다

1 〈보기〉와 같이 그림을 보고 대화를 완성한 후, 읽어 보세요.

·보기·

A: Ông ơi, Mấy giờ rồi ạ?

B: <u>3 giờ 5 phút rồi.</u>

(1)

A: Mấy giờ rồi?

B: _____ .

(3)

A: Thưa cô, mấy giờ rồi ạ?

B: _____ .

(3)

A: Peter ơi, mấy giờ rồi?

B: _____ .

(4)

A: Mẹ ơi, mấy giờ rồi ạ?

B: _____ .

★ 발음 체크 🎧 **08-2**

2 녹음을 듣고 빈칸을 채운 후, 질문에도 답해 보세요. 🎧 08-3

Peter   Mấy giờ rồi chị Anna?

Anna   _____ trưa rồi.

Peter   Hôm nay chị có đến trường không?

Anna   Không, hôm nay tôi _____ đến trường.

Buổi chiều tôi có cuộc họp quan trọng.

Còn anh Peter?

Peter   Hôm nay tôi có tiết học lúc _____ chiều.

_____ chị Anna bắt đầu họp?

Anna   2 giờ 30 phút.

(1) 안나는 오늘 학교에 가나요?   ➡ _____

(2) 피터는 몇 시에 수업이 있습니까?   ➡ _____

·단어· trưa 점심   đến trường 학교 가다   (buổi) chiều 오후   cuộc họp 회의   quan trọng 중요한
tiết học 수업, 교시

3 제시어를 활용해서 문장을 완성해 보세요.

(1) A: Bạn ăn trưa lúc mấy giờ?

B: Tôi ăn trưa _____. (정오 12시)

(2) A: Họ đang làm gì?

B: Họ đang làm _____. (숙제)

(3) A: _____?

지금 몇 시예요?

B: 1 giờ.

(4) A: Bạn _____?

무엇을 하고 있어요?

B: Tôi đang gọi điện thoại.

────────────

단어 ㅣ ăn trưa 점심 먹다   làm bài tập 숙제하다   gọi điện thoại 전화를 걸다

베트남 속 다양한 관광지 2

베트남은 저렴한 물가와 밝은 사람들, 남북으로 길게 뻗어 바다를 끼고 있는 지형적 특성 때문에 다양한 볼거리가 많은 나라입니다.

● 호찌민시 Thành phố Hồ Chí Minh

베트남 남부에 있는 호찌민시의 옛 이름은 '사이공(Sài Gòn)'입니다. 1976년에 국가 주석의 이름을 따서 호찌민시로 이름이 바뀌었습니다. 호찌민시를 일컬을 때는 반드시 '도시'라는 의미의 Thành phố를 붙여야 합니다. 호찌민시의 기후는 연중 덥고 습한 편입니다. 5~11월의 우기와 12~4월의 건기, 두 계절로 나눌 수 있으며, 연평균 기온은 27°C로, 4월이 가장 덥고 12월이 가장 낮지만 일 년 내내 따뜻한 편입니다. 호찌민시는 베트남에서 가장 큰 도시이자 경제·문화의 중심지로, 프랑스 식민시대의 아름다운 건축물과 대로가 남아있습니다. 호찌민 전쟁 박물관과 옥황사는 꼭 가볼 만한 명소이며, 음식과 꽃, 식용 개구리까지 진열되어 있는 벤탄 시장에서는 이 도시의 활기를 피부로 느낄 수 있습니다.

● 호이안 Hội An

옛날 베트남의 모습이 그대로 보존되어 있으며, 맛있는 음식으로도 유명합니다. 중국식으로 지어진 많은 상점들과, 프랑스 식민지 시절 건설된 프랑스풍의 건물들, 여기에 베트남 전통 가옥들까지 함께 있어서 건물들을 구경하는 재미가 쏠쏠합니다. 15~19세기 동남아 항구마을의 모습이 잘 보존돼 있는 Ancient Village는 유네스코 문화유산으로 지정되어 있습니다.

● 다낭 Đà Nẵng

인구 100만이 넘는 베트남 5대 직할시 중 하나인 다낭 시는 베트남 중부 지역의 무역과 상업의 중심지입니다. 27km나 되는 아름다운 해변이 있어 마음껏 쉴 수 있으며, '거지, 도둑, 마약, 매춘, 문맹'의 5無가 없는 아름다운 도시로도 유명합니다.

(■ 인근 유명 관광지 : 후에(Huế), 호이안(Hội An), 미선(Mỹ Sơn) 유적지, 오행산(Ngũ Hành Sơn), 바나힐(Bà Nà Hill), 썬자 (Sơn Trà) 등)

● 하롱베이 Vịnh Hạ Long

하롱만은 유네스코 세계유산으로 지정되어 있는 아름다운 곳입니다. ha는 '내려오다', long은 '용'이란 뜻으로, '하늘에서 내려온 용'이라는 의미입니다. 하롱베이의 아름다움은 주변의 산과 섬, 바다뿐만 아니라, 오랜 세월 동안 자연 현상으로 생긴 수많은 동굴에서도 찾아볼 수 있습니다.

● 냐짱 Nha Trang

'동양의 나폴리'라고 불리는 냐짱은 베트남 남부의 주요 어업기지이며, 예로부터 알려진 군사기지입니다. 프랑스 식민지 시대에는 이곳에 파스퇴르 연구소가 설치되어 열대성 질병에 관한 연구를 하였고, 해안 연구소가 세워져 남중국해의 어업에 관한 자료를 수집했습니다. 이곳을 지나는 하노이~호찌민 철도도 이때 건설되었습니다. 일찍부터 부근의 해변을 개발하여 해안 휴양지가 개발되어 있고, 시의 북쪽 근교에는 참족(族)이 세운 포나가르 신전이 있습니다.

Bài

9

Hôm nay là ngày bao nhiêu?

오늘 며칠이에요?

09-1

Peter　Anna ơi, hôm nay là ngày bao nhiêu?

Anna　Hôm nay là ngày 20 tháng 3.

Peter　Bao giờ chúng ta thi cuối kỳ?

Anna　Thứ hai tuần sau, ngày 24 tháng 3.

Peter　Cuối tuần này tôi sẽ đi thư viện.

Anna　Khi nào anh đi?

Peter　Sáng thứ bảy, khoảng 10 giờ.

　　　Tôi sẽ học từ 10 giờ đến khoảng 8 giờ tối.

피터	안나, 오늘 며칠이에요?
안나	오늘은 3월 20일이에요.
피터	우리 기말고사는 언제 보나요?
안나	다음 주 월요일, 3월 24일이요.
피터	이번 주말에 도서관 갈 거예요.
안나	언제 가는데요?
피터	토요일 오전, 10시쯤이에요.
	10시부터 저녁 8시경까지 공부할 거예요.

새단어

▫ thi cuối kỳ 기말고사, 시험 보다, 응시하다	▫ sáng 오전, 아침
▫ cuối tuần 주말	▫ học 공부하다
▫ thư viện 도서관	▫ khoảng 대략, 약, ~경
▫ khi nào = bao giờ 언제	▫ tối 저녁

1 시간 묻고 답하기

(1) 오늘 며칠이에요?

'며칠이에요?'라는 표현으로 'Ngày mấy' 또는 'ngày bao nhiêu'를 사용할 수 있습니다.

질문   Hôm nay là ngày mấy? : 오늘 며칠이에요?
         = Hôm nay là ngày bao nhiêu?

대답   Hôm nay là ngày 17. 오늘은 17일이에요.
          Hôm nay là ngày 17 tháng 8. 오늘은 8월 17일이에요.

(2) 오늘 무슨 요일이에요?

Hôm nay là	+	thứ mấy?	오늘은 무슨 요일이에요?
		thứ ba.	오늘은 화요일이에요.
		chủ nhật.	오늘은 일요일이에요.

(3) 이번 달은 몇 월이에요?

Tháng này là	+	tháng mấy?	이번 달은 몇 월이에요?
		tháng 6.	이번 달은 6월이에요.
		tháng 9.	이번 달은 9월이에요.

2 미래시제 : sẽ

'~할 것이다'라는 의미로, 미래의 일(동사/형용사) 앞에 위치합니다. 영어의 will에 해당하는 시제입니다.

> sẽ + 동사

Chủ nhật tuần sau tôi sẽ đi du lịch.   다음 주 일요일에 나는 여행 갈 거예요.

Tháng sau Minho sẽ về nước.   다음 달에 민호 씨가 귀국할 거예요.

Tuần sau tôi sẽ bắt đầu học tiếng Việt.   다음 주부터 베트남어 공부를 시작할 거예요.

● 요일 thứ

thứ hai	월요일	thứ sáu	금요일
thứ ba	화요일	thứ bảy	토요일
thứ tư	수요일	chủ nhật	일요일
thứ năm	목요일		

● 월 tháng

tháng một	1월	tháng bảy	7월
tháng hai	2월	tháng tám	8월
tháng ba	3월	tháng chín	9월
tháng tư	4월	tháng mười	10월
tháng năm	5월	tháng mười một	11월
tháng sáu	6월	tháng mười hai	12월

단어 về 돌아가다   nước 나라   về nước 귀국하다

● 시간표 thời gian biểu

Ngày 일				
hôm kia 그저께	hôm qua 어제	hôm nay 오늘	ngày mai 내일	ngày kia 모레
Tuần 주				
2 tuần trước 2주 전	tuần trước 지난주	tuần này 이번 주	tuần sau 다음 주	2 tuần sau 2주 후
Tháng 월				
2 tháng trước 2달 전	tháng trước 지난달	tháng này 이번 달	tháng sau 다음 달	2 tháng sau 2달 후
Năm 년				
2 năm trước 2년 전	năm ngoái 작년	năm nay 올해	sang năm 내년	2 năm sau 2년 후

3 khi nào / bao giờ : 언제

문장 앞에 위치할 경우에는 미래의 '언제'를 묻는 의미이고, 문장 끝에 위치할 경우에는 과거의 '언제'를 묻는 의미가 됩니다. (영어의 의문사 when)

Khi nào anh đi làm?	언제 출근할 거예요?	[미래]
Bao giờ chúng ta thi tiếng Việt?	우리는 언제 베트남어 시험을 보나요?	[미래]
Anh Minho về nước bao giờ?	피터는 언제 귀국했어요?	[과거]
Anh ấy kết hôn khi nào?	그는 언제 결혼했어요?	[과거]

단어 đi làm 출근하다   thi 응시하다   thi tiếng Việt 베트남어 시험 보다   kết hôn 결혼하다

* 베트남어는 한국과 다르게 작은 단위부터 큰 단위로 나열하는 특성을 가지고 있습니다.
시간에 대해 말할 경우, 순서는 다음과 같습니다.

> giờ 시 → thứ 요일 → ngày 일 → tháng 월 → năm 년

8 giờ sáng thứ tư ngày 5 tháng 2 năm 2020
2020년 2월 5일 수요일 오전 8시

12 rưỡi trưa chủ nhật ngày 20 tháng 6 năm 2020
2020년 6월 20일 일요일 점심 12시 반

9 giờ tối thứ sáu ngày 18 tháng 12 năm 2020
2020년 12월 18일 금요일 저녁 9시

4 **từ ~ đến** : ~부터 ~까지

어떤 일, 상태, 범위의 시작과 끝을 나타내는 보조사로 시간과 장소에 모두 사용이 가능합니다.

Công ty chúng tôi làm việc từ 9 giờ sáng đến 7 giờ tối.
우리 회사는 오전 9시부터 오후 7시까지 일해요.

Cuộc họp diễn ra từ 3 giờ đến 5 giờ chiều.
회의는 오후 3시부터 5시까지 진행되요.

단어 **làm việc** 일하다, 영업하다   **diễn ra** 진행되다

 말하기 연습

1 달력을 보면서 질문에 대한 답변을 적은 후, 읽어 보세요.

3월 (Tháng 3)

Chủ Nhật	Thứ Hai	Thứ Ba	Thứ Tư	Thứ Năm	Thứ Sáu	Thứ Bảy
1	2	3	4	5	6	7
8	9	10 thi giữa kỳ	11	12 hôm nay	13	14
15	16	17	18	19	20	21

(1) Hôm nay là ngày mấy?

➡ _____

(2) Bạn thi giữa kỳ khi nào?

➡ _____

(3) Ngày mai là thứ sáu, phải không?

➡ _____

★ 발음 체크 🎧 **09-2**

단어 · thi giữa kỳ 중간고사 보다

2 녹음을 듣고 빈칸을 적어 보세요.   🎧 09-3

Anna　Chào chị Lan.

Lan　Chào chị Anna.

Anna　Hôm nay chị đến _____ sớm quá.

　　　Chị đã ăn sáng chưa?

Lan　Tôi đã _____ ở nhà rồi.

　　　Còn chị Anna?

Anna　Hôm nay tôi ngủ dậy muộn nên chưa ăn.

Lan　Chị thường ngủ dậy lúc _____?

Anna　Tôi thường ngủ dậy lúc ____ giờ sáng nhưng hôm nay tôi mệt.

　　　Đêm hôm qua tôi đã làm việc rất muộn.

Lan　Công ty chị có nhiều việc không?

Anna　Vâng, công ty tôi ít nhân viên nên rất _____.

단어 sớm 일찍. 이르다　ăn sáng 아침 먹다　nhà 집　muộn 늦게. 늦다　ngủ dậy 일어나다
nhưng 하지만　quá 너무　mệt 피곤하다　nhiều 많다　ít 적다

3 〈보기〉를 보고 회화 내용에 맞게 빈칸을 적어 보세요.

보기

피터	안나, 오늘 며칠이죠?
안나	오늘은 3월 20일이에요.
피터	우리 기말고사는 언제 보나요?
안나	다음 주 월요일, 3월 24일이에요.
피터	이번 주말에 도서관 갈 거예요.
안나	언제 가는데요?
피터	토요일 오전 10시쯤이에요.
	10시부터 저녁 8시경까지 공부할 거예요.

Peter   Chị Anna ơi, hôm nay là _____?

Anna   Hôm nay là ngày 20 tháng 3.

Peter   _____ chúng ta thi cuối kỳ?

Anna   Thứ hai tuần sau, ngày 24 tháng 3.

Peter   Cuối tuần này tôi _____ thư viện.

Anna   Khi nào anh đi?

Peter   Sáng thứ bảy, khoảng 10 giờ.

Tôi sẽ học ____ 10 giờ _____ khoảng 8 giờ tối.

베트남에서 한국인이 많이 사는 지역

베트남에 장기 체류하거나 아예 베트남에 정착하는 한국인이 많아지면서 '베트남 속 작은 한국'과 같은 곳이 속속 생겨나고 있습니다. 베트남에서 한국 사람이 제일 많이 살고 있는 동네를 알아봅시다.

● 하노이

하노이에서 한국인이 많이 살고 있는 곳은 'Trung Hòa – Nhân Chính, Mỹ Đình – Sông Đà, Trần Duy Hưng, Hoàng Đạo Thúy, Hoàng Ngân' 등이 있으며, 이 지역들은 이미 '베트남 속 한국 동네'로 불릴만큼 많은 한국인이 거주하고 있습니다. 최근에는 'Mỹ Đình – Mễ Trì'도 추가되었으며, 한국 사람을 위한 식당, 서비스 영업, 학교까지 모두 갖추고 있습니다.

Trung Hòa-Nhân Chính

Mỹ Đình-Sông Đà

Hoàng Đạo Thúy

● 호찌민

호찌민에서 한국인이 많이 살고 있는 곳은 '7군'에 속한 'Phú Mỹ Hưng'입니다. 7군 전체 시민 중 3분의 1이 한국 사람이며, 이곳의 방 임대료는 평균적으로 한 칸에 400~500USD입니다. 치안도 잘 되어있어서 살기 좋은 동네로 평가받고 있습니다.

Phú Mỹ Hưng

Bài

10

Cuối tuần của anh thế nào?

당신의 주말은 어땠나요?

Park   Chào Hòa, cuối tuần của Hòa thế nào?

Hòa   Cuối tuần của tôi vui. Còn anh Park?

Park   Hôm qua tôi đã đi thư viện.

Hòa   Ồ, anh Park thích đọc sách à?

Park   Vâng, sở thích của tôi là đọc sách.

        Sở thích của Hòa là gì?

Hòa   Tôi thích mua sắm.

        Tôi thường mua sắm hoặc xem phim.

· 해석 ·

박	안녕하세요 화 씨, 주말은 어땠나요?
화	즐거운 주말을 보냈어요. 박씨는요?
박	저는 어제 도서관에 갔었어요.
화	오, 박 씨는 독서를 좋아하세요?
박	네, 제 취미는 독서예요.
	화 씨의 취미는 무엇인가요?
화	저는 쇼핑하는 것을 좋아해요.
	보통 쇼핑을 하거나 영화를 봐요.

· 새단어 ·

□ cuối tuần 주말	□ đọc sách 독서
□ thích 좋아하다	□ mua sắm 쇼핑하다
□ sở thích 취미, 기호	□ xem phim 영화 보다

1 취미 묻고 답하기

(1) thích 동사

'좋아하다'라는 의미를 지니고 있는 동사 'thích'은 뒤에 취미 어휘를 결합하여 '~하는 것을 좋아한다'라는 의미로 자주 사용합니다.

(2) 당신의 취미는 무엇인가요?

| 질문 | Sở thích của + 대상자 + là gì? : 당신의 취미는 무엇인가요? |

| 대답 | Sở thích của + 주체 + là
주체 + thích | + 동사(취미 활동) | : ~의 취미는 ~입니다
: ~는 ~하기를 좋아합니다 |

A: Sở thích của **anh** là gì?   당신의 취미는 무엇인가요?
B: Sở thích của **tôi** là đá bóng.   저의 취미는 축구하는 것입니다.

A: Sở thích của **chị My** là gì?   미 언니의 취미는 무엇인가요?
B: **Chị My** thích vẽ tranh.   미 언니는 그림 그리기를 좋아해요.

・단어・ đá bóng 축구하다   vẽ tranh 그림 그리다

2 과거시제 : đã

đã는 과거형으로 어떤 행동을 했을 때 또는 그 행동에 대한 기억이 떠오를 때 사용합니다.

đã + 동사

Tôi gặp cô ấy ở quán cà phê.	그녀를 커피숍에서 만난다.
→ Tôi đã gặp cô ấy ở quán cà phê.	그녀를 커피숍에서 만났다.
Cô ấy đi học vào lúc 2 giờ chiều.	그녀는 2시에 학교를 간다.
→ Cô ấy đã đi học vào lúc 2 giờ chiều.	그녀는 2시에 학교를 갔다.

3 hoặc : ~ 하거나

'hoặc'은 2가지 이상의 행동 중 하나의 행동을 선택할 경우, '~하거나 ~한다'라는 의미로 두 절을 연결하는 역할을 합니다.

A hoặc B : A 하거나 B 하다

Tôi ăn cơm hoặc phở vào buổi trưa.	저는 점심 식사로 밥이나 쌀국수를 먹어요.
Cuối tuần, tôi ở nhà hoặc đi dạo.	주말에 저는 집에 있거나 산책을 가요.

> **Tip**
>
> *** hay와 hoặc 구분하기**
>
> hay와 hoặc은 'A 또는 B'의 의미를 가지고 있지만, hay의 경우 'A입니까 B입니까?'라는 '선택의문문'으로도 사용되므로 사용에 주의해야 합니다.
>
> ① A 또는 B : Cuối tuần tôi thường đọc sách hay xem tivi.
> 주말에 저는 책을 보거나 텔레비전을 봐요.
>
> ② 선택의문문 : Anh học tiếng Việt hay học tiếng Anh?
> 당신은 베트남어를 공부합니까 영어를 공부합니까?

·단어· quán cà phê 커피숍 đi học 학교 가다 cơm 밥 phở 쌀국수 ở nhà 집에 있다 đi dạo 산책가다
đọc sách 책 읽다 xem tivi TV 보다 học 공부하다

4 의문사 : thế nào

'어때요?'라는 의미로 '의견, 성질, 형편, 상태' 등을 물을 때 사용하는 의문사 'thế nào'는 항상 문장 끝에 위치하고 영어의 how about과 같은 표현입니다.

질문 **주어 + thế nào?** : 주어는 어때요?

Tiếng Việt thế nào?　　　　　　　베트남어는 어때요?

Thời tiết Hàn Quốc thế nào?　　　한국 날씨는 어때요?

대답 **주체 + 형용사 (상태, 성질 등)**

Tiếng Việt khó nhưng thú vị.　　　　베트남어는 어렵지만 재미있어요.

Thời tiết Hàn Quốc khô và lạnh.　　한국 날씨는 건조하고 춥습니다.

5 thường : 보통

'thường'은 동사 앞에 위치하며, 해당 행동을 하는 빈도가 '중간 정도'라는 의미를 나타내는 부사의 역할을 합니다.

> thường + 동사

Cuối tuần người Hàn Quốc thường làm gì?　　한국 사람은 보통 주말에 뭐해요?

Buổi sáng, chị thường ăn gì?　　　　　　　언니는 아침에 보통 뭐 먹어요?

Tôi thường đi uống cà phê với đồng nghiệp.　보통 동료들과 커피를 마시는 편이에요.

단어 **thời tiết** 날씨　**thú vị** 재미있다　**khô** 건조하다　**lạnh** 춥다　**cuối tuần** 주말　**buổi sáng** 아침　**uống cà phê** 커피를 마시다　**đồng nghiệp** 동료

1 질문에 대한 자신만의 답변을 적은 후, 읽어 보세요.

(1) Cuối tuần anh/chị làm gì?

➡ _____

(2) Anh/chị thường đi du lịch ở đâu?

➡ _____

(3) Anh/chị thường làm gì vào buổi tối?

➡ _____

(4) Người Hàn Quốc thường uống cà phê khi nào?

➡ _____

★ 발음 체크 🎧 10-2

〔단어〕 **đi du lịch** 여행가다   **buổi tối** 저녁

2 녹음을 듣고 맞는 취미를 적어 보세요. 🎧 10-3

(1) _____ (2) _____ (3) _____ (4) _____

①

②

③

④

3 녹음을 듣고 맞으면 (Đ), 틀리면 (S)에 체크하세요. 🎧 10-4

⑴ Cuối tuần, bố mẹ Peter đến Việt Nam.　　(Đ , S)

⑵ Núi Ba Vì ở Hà Đông.　　(Đ , S)

⑶ Phong cảnh núi Ba Vì đẹp.　　(Đ , S)

⑷ Bình không thích leo núi.　　(Đ , S)

• 단어 • đến 오다　phong cảnh 풍경. 경치　đẹp 아름답다　không ~지 않다　leo núi 등산하다
đá bóng = bóng đá 축구(하다)　trò rút gỗ 젠가 게임　tắm 목욕

4 〈보기〉를 보고 회화 내용에 맞게 빈칸을 적어 보세요.

> **보기**
>
> 박   안녕하세요 화 씨, 주말은 <u>어땠나요</u>?
>
> 화   즐거운 주말을 보냈어요. 박씨는요?
>
> 박   저는 어제 도서관에 <u>갔었어요</u>.
>
> 화   오, 박 씨는 독서를 좋아하세요?
>
> 박   네. 제 <u>취미</u>는 독서예요.
>
>   화 씨의 취미는 무엇인가요?
>
> 화   저는 쇼핑하는 것을 좋아해요.
>
>   <u>보통</u> 쇼핑을 <u>하거나</u> 영화를 봐요.

Park   Chào Hòa, cuối tuần của Hòa _____ ?

Hòa   Cuối tuần của tôi vui. Còn anh Park?

Park   Hôm qua tôi _____ thư viện.

Hòa   Ồ, anh Park thích đọc sách à?

Park   Vâng, _____ của tôi là đọc sách.

        Sở thích của Hòa là gì?

Hòa   Tôi thích mua sắm.

        Tôi _____ mua sắm _____ xem phim.

베트남의 다양한 음식

베트남은 한국과 같이 쌀을 주식으로 하고, 질보다 맛, 보양식보다 맛있는 음식을 위주로 요리하는 편입니다. 신선한 재료를 선호하여 기름을 잘 사용하지 않고 '향료, 양념, 야채, 발효식' 등을 이용해서 맛을 조절합니다. 2015년 CNN이 선정한 파급력 있는 음식 World TOP 8에 베트남 음식이 꼽힐 정도로, 베트남 음식은 건강하고 맛있는 음식으로 알려져 있습니다.

베트남 가정에서 밥을 먹을 때는 대개 어머니가 가족들에게 음식을 덜어 나누어 주고 나서, 아랫사람이 윗사람에게 '맛있게 드시라는 의미'로 "Con/Em mời [상대방 호칭] ăn cơm."이라고 말하고, 동시에 식사를 시작합니다. 한국과 달리, 밥을 먹을 때는 그릇을 들고 먹는 것이 일반적이어서 식탁에 그릇을 두고 고개를 숙여 먹는 것은 현지인들에게는 안 좋게 보일 수 있습니다. 탕이나 찌개 등을 함께 먹을 때는 커다란 공용 숟가락으로 자기의 그릇(앞접시는 따로 사용 안 함)에 탕을 덜어서 먹습니다.

베트남의 다양한 음식들을 지역별로 알아봅시다.

● 북부

■ 분옥 (Bún ốc)

'소라 국수, 우렁이 쌀국수'로도 불리는 '분옥'은 토마토가 들어있는 국물과 쫄깃한 소라와 면이 독특한 맛을 내는 북부지방(특히 하노이)에서 즐겨 먹는 요리입니다. 한국인에게는 호불호가 강한 음식 중 하나입니다.

■ 짜꼼 (Chả cốm)

'짜꼼'은 하노이 사람들이 가을에 많이 먹는 음식입니다. 햅쌀로 만든 떡과 돼지고기로 만드는 음식으로, 짜꼼을 찐 후, 접시 대신 연꽃 잎에 담아서 나옵니다. 연꽃의 향이 가을 날씨와 잘 어우러져 하노이 사람들이 즐겨 먹는 요리입니다.

● 중부

■ 까오 러우 (Cao lầu)

베트남 호이안의 유명한 음식으로, 쌀로 된 면에 야채와 고기, 새우를 곁들여 소스를 부어 먹는 음식입니다. 두 꺼운 면이 특징이며 돼지껍질의 튀김과 돼지고기를 곁들여 먹는 맛이 좋아서 중부 지역 사람들이 즐겨 먹는 요리 중 하나입니다.

■ 분보후에 (Bún bò Huế)

'분보후에'는 이름에도 나와 있듯이 '후에' 지방의 음식 중 하나로 베트남 전역에서 맛볼 수 있는 대중적인 요리 입니다. 굵고 둥근 쌀국수 면을 사용해서 소고기 뼈로 국물을 우려낸 후, 소고기 고명과 생채소를 얹어 먹는 음식으로 한국 국밥의 국물과 비슷합니다.

● 남부

■ 게살 국수 (Bánh canh cua / Bánh canh)

쌀과 타피오카 가루를 섞어 만든 면에 게의 다리 살을 넣어 끓이는 국수로 남부 지역에서 즐겨 먹는 요리입니다. 게살과 굵고 쫄깃한 면이 특징이며, '게살 국수'로 유명합니다.

■ 껌땀 (Cơm tấm)

'껌땀'은 구운 양념 돼지갈비를 통째로 밥 위에 얹은 음식으로 베트남 서민들이 즐겨먹는 요리입니다. 한국인들이 가장 거부감 없이 먹을 수 있는 음식 1위입니다.

Tôi mặc thử cái áo này

được không?

이 옷 입어봐도 되나요?

Người bán hàng   Chào chị, chị muốn mua gì ạ?

Mai   Tôi muốn mua một cái áo sơ mi.

Người bán hàng   Vâng. Mời chị xem áo này.

Mai   Tôi mặc thử cái áo này được không?

Người bán hàng   Được chứ! Mời chị mặc thử.

(Lát sau)

Mai   Áo này có cỡ L không ạ?

Người bán hàng   Tiếc quá, cỡ L hết rồi ạ.

Mai   Vậy có áo free size không ạ?

Người bán hàng   Vâng có, mời chị xem áo này.

Mai   Áo này bao nhiêu tiền ạ?

Người bán hàng   800.000 đồng ạ.

해석

점원	안녕하세요, 무엇을 사고 싶으세요?
마이	블라우스 한 벌을 사고 싶어요.
점원	네. 이 옷을 한번 보시죠.
마이	이 옷 입어봐도 되나요?
점원	물론이죠! 입어 보세요.

(잠시 후)

마이	이 옷은 L 사이즈가 있나요?
점원	아쉽지만, L 사이즈는 품절입니다.
마이	그럼 프리 사이즈의 옷은 있나요?
점원	네 있어요, 이 옷을 한번 보시죠.
마이	이 옷은 얼마예요?
점원	800.000동이에요.

새단어

▫ muốn 원하다, ~하고 싶다	▫ cỡ 사이즈
▫ mua 사다	▫ tiếc 아쉽다, 아깝다
▫ áo sơ mi 블라우스, 남방	▫ quá 너무
▫ mời ~하시죠 (가벼운 권유)	▫ hết 없다, 품절이다
▫ mặc 입다	▫ bao nhiêu (tiền) 얼마
▫ được 되다	▫ đồng 동 (베트남 화폐단위)

1 thử ~ : ~해 보다

'음식을 맛보다, 옷을 입어보다' 등 어떠한 동작을 시험 삼아 해 볼 때 「동사＋thử」 문형을 사용합니다.

동사		'동사'를 시도해 보다
ăn		맛보다
nghe		들어보다
mặc	thử	입어보다
dùng		사용해보다
xem		한번 보다

2 초대, 가벼운 권유 : mời

'~하세요'라는 의미로 상대방에게 무언가를 정중히 권할 때 사용하는 하는 'mời'는 주로 문장 맨 앞에 위치합니다.

> mời + 주어 + 동사

Mời chị dùng bữa! 드세요!   Mời chị ngồi! 앉으세요!

3 가격 문의

> 주어 + bao nhiêu tiền?
> 주어 + giá bao nhiêu?   : ~은 얼마인가요?

Cái áo dài này bao nhiêu tiền ạ?   이 아오자이 얼마예요?

Quyển sách này giá bao nhiêu ạ?   이 책 얼마예요?

단어 (cái) áo dài 아오자이

4 능력/가능성/제안 묻고 답하기

'~ được không?'은 '~이 가능합니까?'라는 의미로, 어떤 '상황이나 시점'에서 그 일이
가능한지를 질문할 때 많이 사용합니다.

질문   **주어 + 동사/형용사 + được không?** : 동사/형용사가 가능합니까? / (동사) 할 줄 압니까?

Anh nói tiếng Việt được không?　　　당신은 베트남어를 할 줄 압니까?

Chị chơi piano được không?　　　당신은 피아노를 칠 줄 압니까?

대답   **가능**　：Có, 주어 + 동사 + được (목적어)

불가능　：Không, 주어 + không + 동사 + được (목적어)

Có, tôi nói được (tiếng Việt).　　　네, 할 줄 압니다(베트남어를).

Không, tôi không nói được (tiếng Việt).　　아니요, 할 줄 모릅니다.

5 **동사 + chú** : 당연히 ~해요

당연한 일 또는 알고 있는 사실에 대해 질문하거나 확인할 때 chứ를 사용합니다.

> **동사 + chứ**

A: Anh có thích món ăn Hàn Quốc không?　　한국 음식 좋아해요?

B: Có chứ. Tôi rất thích.　　　당연하죠. 아주 좋아해요.

A: Anh nói được tiếng Việt chứ?　　당신은 베트남어를 말할 수 있죠?

B: Được. Tôi nói được tiếng Việt　　네. 저는 베트남어를 할 수 있어요.

단어   nói 말하다　nói tiếng Việt 베트남어로 대화하다　chơi 놀다　chơi piano 피아노 치다　món ăn 음식

1 그림을 보고 해석에 맞게 문장을 완성한 후, 읽어 보세요.

(1)

A: Tôi ăn thử _____

B: Được chứ! Mời chị ăn thử.

A : 제가 먹어도 되나요?

B : 되죠! 먹어보세요.

(2)

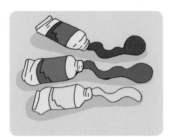

A: Anh thích màu gì?

B: _____

A : 무슨 색 좋아하세요?

B : 파란색이요.

(3)

A: Anh muốn mua gì?

B: Tôi _____ sách tiếng Việt.

A : 무엇을 사고 싶으세요?

B : 베트남어 책을 사고 싶어요.

(4)

A: Cái này _____

B: Cái này 8.000 đồng một cái.

A : 이것은 얼마예요?

B : 이건 1개에 8,000동이에요.

★ 발음 체크 🎧 **11-2**

• 단어 • ăn 먹다   ~ chứ ~지요/죠   màu ~ ~색   đỏ 빨간   xanh 파란/초록   muốn ~ ~하고 싶다
mua 사다

2 녹음을 듣고 말하고 있는 옷을 그림에서 찾아 보세요.   11-3

(1) _____ (2) _____ (3) _____

3 녹음을 듣고 맞는 문장끼리 연결해 보세요.   11-4

(1) Anh muốn   •   • ① quá.

(2) Chiếc áo dài này   •   • ② bao nhiêu tiền?

(3) Ba triệu đồng   •   • ③ mua gì ạ?

(4) Đắt   •   • ④ một chiếc.

4 〈보기〉를 보고 회화 내용에 맞게 빈칸을 적어 보세요.

> **· 보기 ·**
>
> 퐁   안녕하세요, 무엇을 사고 싶으세요?
>
> 마이   노란색 블라우스 한 벌을 사고 <u>싶어요</u>.
>
> 퐁   네. 이 옷 한번 보시죠.
>
> 마이   이 옷은 <u>얼마</u>예요?
>
> 퐁   800,000동이에요.
>
> 마이   이 옷 <u>입어</u>봐도 되나요?
>
> 퐁   물론이죠! 입어 <u>보세요</u>.

Phong   Chào chị, chị muốn mua gì ạ?

Mai   Tôi _____ mua một cái áo sơ mi màu vàng.

Phong   Vâng. Mời chị xem thử cái áo này.

Mai   Cái áo này _____ tiền ạ?

Phong   800.000 đồng.

Mai   Tôi _____ cái áo này được không?

Phong   Được chứ! _____ chị mặc thử.

· 단어 · vàng 노란

베트남 사람들의 시간 문화

베트남에 거주하는 한인들이 손꼽는 베트남 사람들의 특징 중 하나는 시간관념이 다소 부족하다는 점입니다. 베트남에서는 시간 약속을 잘 지키지 않는 습관을 일컬어 'giờ cao su(고무줄 시간)'라고 합니다. 약속시간에 자주 늦는 이에게 핀잔을 주는 상황에서 잘 쓰는 말입니다. 베트남 사람들에게 이러한 습관이 생긴 이유는 2가지가 있습니다.

첫째, 더운 기후의 열대지방에 사는 사람들은 상대적으로 여유로운 시간관념을 가진 것으로 알려져 있습니다. 베트남 사람들의 이러한 느긋함은 따뜻한 기후와 함께 풍부한 열매와 곡식이 나는 지리적 특징 때문이라고도 합니다.

둘째, 서양이나 한국에서는 '시간은 금이다' 라는 속담처럼 시간을 하나의 물질과 같이 인식하여 절약하고자 하는 성향이 있는 반면, 베트남에서는 시간을 무한한 것으로 생각하는 경향이 있습니다. 그래서 베트남 사람들은 대개 여유로운 삶을 산다고 합니다.

이러한 이유로 베트남 사람과의 개인적인 관계나 비즈니스에서는 여유를 가지고 임하는 것이 좋습니다. 그러나, 최근 베트남에서는 'giờ cao su'를 하나의 '병'으로 생각하여 사람들의 의식을 바꾸기 위한 노력이 일고 있습니다. 베트남 산업이 점점 발전하면서 언젠가는 자연스럽게 사라질 습관이라고도 볼 수 있지만, 베트남인들과 소통할 때 이러한 특성을 이해한다면 도움이 될 것입니다.

Giờ cao su

Bài

12

Anh đã đi Việt Nam bao giờ chưa?

베트남에 가본 적 있으세요?

Kim	Chào anh. Tôi sẽ đi Việt Nam vào tháng sau.

Anh đã đi Việt Nam bao giờ chưa?

| Lee | Rồi. Tôi đã đi Việt Nam 2 lần rồi. |

Phong cảnh Hà Nội đẹp lắm.

| Kim | Từ Hàn Quốc đến Việt Nam bằng gì, |

mất bao lâu?

| Lee | Mất khoảng 5 tiếng bằng máy bay. |

| Kim | Anh đã đi Đà Nẵng chưa? |

| Lee | Chưa, tôi chưa đi đến đấy bao giờ. |

Chị sẽ đi Đà Nẵng hả?

| Kim | Không, tôi sẽ đi Thành phố Hồ Chí Minh. |

· 해석 ·

김   안녕하세요. 다음 달에 베트남에 갈 건데요.
      베트남에 가본 적 있으세요?

이   네. 베트남에 2번 가봤어요. 하노이의 풍경은 매우 예뻐요.

김   한국에서 베트남까지는 무엇을 타고(직역: 무엇으로),
      얼마나 걸리나요?

이   비행기로 대략 5시간 걸려요.

김   다낭은 가보셨나요?

이   아니요, 거기는 가본 적 없어요. 다낭 가실 건가요?

김   아니요, 호찌민시 갈 거예요.

· 새단어 ·

▫ lần 회	▫ khoảng ~쯤, 약
▫ phong cảnh 풍경	▫ tiếng 시간
▫ bằng (수단)으로	▫ máy bay 비행기
▫ mất 걸리다	▫ sẽ ~할 것이다, ~하겠다
▫ bao lâu 얼마나 오래	▫ thành phố 시, 도시

1 **đã ~ bao giờ chưa?** : ~해본 적 있습니까?

과거의 경험에 대해 물어보는 의문문으로 '~해본 적 있니?, ~경험이 있니?'라는 의미로 해석할 수 있습니다.

질문 **주어 + đã + 동사 + bao giờ chưa?** : 주어는 동사해본 적 있습니까?

대답 긍정 : Rồi, tôi đã + 동사 + rồi/tôi đã + 동사 + lần rồi (횟수 명시)
　　 부정 : Chưa, tôi chưa bao giờ + 동사

A: Anh đã đi Việt Nam bao giờ chưa?
　 베트남에 가본 적 있으세요?

B: Rồi, Tôi đã đi Việt Nam 2 lần rồi.
　 네, 저는 베트남에 2번 가봤어요.

A: Chị đã ăn món ăn Hàn Quốc bao giờ chưa?
　 한국 음식 먹어 본 적 있어요?

B: Chưa, tôi chưa bao giờ ăn món ăn Hàn Quốc.
　 아직이요, 저는 아직 한국 음식을 안 먹어 봤어요.

2 **Từ ~ đến ~ mất bao lâu** : ~에서 ~까지 얼마나 걸립니까?

'Mất(걸리다)'와 'bao lâu(얼마나 오래)'가 결합하여 어떠한 장소에서 목적지까지 얼마나 걸리는지(시간) 물어보는 의문사로 문장 맨 끝에 위치합니다.

질문 **Từ + 장소 + đến + 목적지 + (bằng 이동수단) + mất bao lâu?**
　　 : ~에서 ~까지 얼마나 걸립니까?

·단어· ăn 먹다

대답 분 : phút ⟶ 30 phút / 50 phút
       시간 : tiếng ⟶ 1 tiếng / 1 tiếng rưỡi

A: Từ nhà đến công ty mất bao lâu?   집에서 회사까지 얼마나 걸려요?

B: Từ đây đến đó mất khoảng 30 phút.   여기서 그곳까지 대략 30분 걸려요.

A: Từ đây đến đó bằng xe buýt mất bao lâu?

여기서 그곳까지 버스로 얼마나 걸려요?

B: Từ đây đến đó mất khoảng 5 tiếng bằng xe buýt.

여기서 그곳까지 버스로 대략 5시간 걸려요.

3 bằng gì : ~무엇으로 합니까? [수단]

> 동사 + bằng gì?

'bằng'을 사용해서 동사에 대한 수단을 물을 수 있습니다. 대답은「bằng + 명사」로 합니다.

A: Cái bàn này làm bằng gì?   이 책상은 무엇으로 만듭니까?

B: Cái bàn này làm bằng gỗ.   이 책상은 나무로 만듭니다.

A: Anh học bằng gì?   당신은 무엇으로 공부합니까?

B: Tôi học bằng cuốn sách này.   이 책으로 공부합니다.

특히, 교통수단에 대해 물을 경우 정확한 표현으로는 'đi bằng phương tiện gì?'를 쓰지만 자연스러운 회화에서 phương tiện을 생략하고 'đi bằng gì?'로 표현할 수 있습니다.

A: Anh đi Việt Nam bằng phương tiện gì?   무엇을 타고 베트남에 갑니까?

B: Tôi đi Việt Nam bằng máy bay.   저는 비행기를 타고 베트남에 갑니다.

단어 nhà 집 đây 여기 đó 그곳 (cái) bàn 책상, 테이블 gỗ 나무 phương tiện 수단 máy bay 비행기

1 〈보기〉와 같이 그림을 보고 문장을 만든 후, 읽어 보세요.

보기

Seoul　　　　　Gwang ju

4 tiếng

A: Từ Seoul đến Gwangju **mất bao lâu**?

B: Từ Seoul đến Gwangju **bằng** xe hơi **mất** 4 tiếng.

A: 서울에서 광주까지 얼마나 걸려요?

B: 서울에서 광주까지 차 타고 가면 4시간 걸려요.

---

(1)　Hàn Quốc　　　　Thái Lan

5 tiếng

A: _____ Hàn Quốc _____ Thái Lan
　　_____ ?

B: _____ Hàn Quốc _____ Thái Lan
　　_____ máy bay mất _____ .

A : 한국에서 태국까지 얼마나 걸려요?

B : 한국에서 태국까지 비행기 타고 가면 5시간 걸려요.

---

(2)　công ty　　　　　　nhà

30 phút

A: _____

B: _____

A : 회사에서 집까지 얼마나 걸려요?

B : 회사에서 집까지 버스 타고 가면 30분 걸려요.

★ 발음 체크 🎧 **12-2**

단어 xe buýt 버스

2 녹음을 듣고 문장을 완성해 보세요. 🎧 12-3

(1) Anh đã gặp người Việt Nam _____?

(2) Tôi _____ ăn phở.

(3) Tôi thường đi làm _____.

(4) Tôi thường đi du lịch _____.

3 녹음을 듣고 맞으면 (Đ), 틀리면 (S)에 체크하세요. 🎧 12-4

(1) Bình đi học bằng xe máy.   (Đ , S)

(2) Từ nhà Bình đến trường mất 30 phút.   (Đ , S)

(3) Bình chưa bao giờ đi Huế.   (Đ , S)

(4) Bình đã đi Hàn Quốc 2 lần rồi.   (Đ , S)

★ 발음 체크 🎧 02-2

단어 ・ phở 쌀국수   đi làm 출근하다, 일가다   đi du lịch 여행 가다   xe máy 오토바이   trường 학교
chưa bao giờ ~한 적 없다

4 〈보기〉를 보고 회화 내용에 맞게 빈칸을 적어 보세요.

> **보기**
>
> 김　안녕하세요. 다음 달에 베트남에 갈 건데요.
>
> 　　베트남에 가본 적 있으세요?
>
> 이　네. 베트남에 2번 가봤어요.
>
> 　　하노이의 풍경은 매우 예뻐요.
>
> 김　한국에서 베트남까지는 비행기로 얼마나 걸리나요?
>
> 이　비행기로 대략 5시간 걸려요.

Kim　Chào anh. Tôi định đi Việt Nam vào tháng sau.

　　Anh _____ Việt Nam bao giờ _____?

Lee　Rồi. Tôi đã đi Việt Nam 2 lần rồi.

　　Phong cảnh Hà Nội đẹp lắm.

Kim　Từ Hàn Quốc đến Việt Nam bằng máy bay _____?

Lee　Mất khoảng 5 tiếng _____ máy bay.

베트남의 화폐 단위와 물가

● 화폐 단위

베트남의 화폐는 '동(Dong)'이며, 영어 약자로는 VND(Vietnamese Dong)이라고 표기합니다. 동전은 2011년부터 유통이 중단되었기 때문에, 지폐만을 사용하고 있습니다. 지폐 단위는 1-2-5 단위로 100동, 200동, 500동, 1000동, 2000동, 5000동, 1만 동, 2만 동, 5만 동, 10만 동, 20만 동, 50만 동으로 이루어져 있으며, 가장 큰 화폐 단위는 50만 동입니다. 지폐는 단위별로 크기, 색상 등이 모두 다르지만 모든 지폐의 앞면에는 공통적으로 호찌민의 초상화가 그려져 있습니다. 한화와의 환율은 시장, 시세 등에 따라 변동이 있지만 평균적으로 1:20 즉, 1천 원이 대략 2만 동입니다. 현재 베트남에서는 100동, 200동 등 작은 가치의 지폐를 생산 중단하는 것이 좋다는 의견도 있습니다. 실생활에서 100동으로 살 수 있는 것이 거의 없으며, 100동짜리 한 장을 생산하는 데 들어가는 비용은 100동을 초과하기 때문입니다.

특이한 점은, 돈의 단위에 따라 '종이 지폐'와 '플라스틱 지폐'를 사용한다는 점입니다. 종이 지폐는 100동~5000동까지이고, 플라스틱 지폐는 1만 동~50만 동까지입니다.
지폐에는 위폐 방지 기술로 2군데에 투명 플라스틱 처리를 해놓았는데, 투명 플라스틱 부분을 비춰보면 금액이 홀로그램으로 적혀 있습니다.

종이 지폐

플라스틱 지폐

Miền Bắc Việt Nam
cũng có 4 mùa.

베트남 북부에도 4계절이 있습니다.

Hòa   **Giống như** Hàn Quốc,

       miền Bắc Việt Nam cũng có 4 mùa.

       Đó là xuân, hạ, thu, đông.

Park   Mùa xuân thường kéo dài **trong bao lâu?**

Hòa   Khoảng 3 tháng, từ tháng 2 đến tháng 4.

       Còn ở Hàn Quốc thế nào?

Park   **Khác với** Việt Nam, ở Hàn Quốc,

       mùa xuân ấm áp và có nhiều nắng.

Hòa   Hôm nay **sau khi** học, anh sẽ làm gì?

Park   Tôi sẽ đi thư viện.

       Mưa to quá **nên** tôi không muốn về nhà.

· 해석 ·

화   한국처럼, 베트남 북부에도 4계절 있어요.

      봄, 여름, 가을, 겨울이에요.

박   봄이 보통 얼마나 오래가나요?

화   약 3개월인데, 보통 2월부터 4월까지예요.

      한국은 어때요?

박   베트남과 달리, 한국에는 봄이 따뜻하고 햇빛이 많아요.

화   오늘 수업 후에, 뭐 할 거예요?

박   도서관에 갈 거예요. 비가 많이 와서 집에 가고 싶지 않아요.

· 새단어 ·

▫ **giống như** ~처럼, ~같이	▫ **(mùa) đông** 겨울
▫ **miền Bắc** 북부	▫ **kéo dài** 오래 가다
▫ **mùa** 계절	▫ **khác với** ~와 달리
▫ **(mùa) xuân** 봄	▫ **nhiều nắng** 햇빛 많다
▫ **(mùa) hạ/hè** 여름	▫ **ấm áp** 따뜻하다
▫ **(mùa) thu** 가을	▫ **đi thư viện** 도서관에 가다

1 giống như ~ / khác với ~ : ~같이, ~처럼, 마찬가지로 / ~와는 다르게

'giống như ~'와 'khác với'는 어떤 사정이나 조건을 비교하는 경우에 사용하는 표현이지만, 두 표현은 서로 반대되는 의미를 가지고 있으므로, 사용에 주의해야 합니다.

> giống như + 명사 / khác với + 명사

Giống như Peter, chị Anna cũng rất thích ăn phở.

피터처럼, 안나 씨도 쌀국수를 매우 좋아한다.

Giống như Hàn Quốc, miền Bắc Việt Nam cũng có 4 mùa.

한국과 마찬가지로, 베트남 북부에도 4계절이 있다.

Khác với công ty Mai Linh, công ty Hà An không nghỉ vào thứ 7.

마이린 회사와 달리, 하안 회사에서는 토요일에 쉬지 않는다.

Ở Việt Nam, khác với miền bắc, miền nam chỉ có 2 mùa.

베트남에서는, 북부와 달리 남부는 2계절만 있다.

2 trong bao lâu? : 얼마 동안?

어떤 행동을 얼마 동안 하는지 묻는 의미를 나타내며 문장 맨 끝에 위치합니다. 앞 동사의 형태 즉, 문맥으로 그 행동이 어떤 시제에 발생하는지 알 수 있습니다. 대답할 때는 'trong(~동안)'이라는 시간 전치사와 결합해야 합니다.

A: Chị sẽ học tiếng Việt trong bao lâu?　　　베트남어는 얼마 동안 배울 건가요?

B: Tôi sẽ học tiếng Việt trong 6 tháng.　　　6개월 동안 배울 거예요.

A: Anh đã làm việc ở công ty đó trong bao lâu?　그 회사에서는 얼마 동안 일을 하셨어요?

B: Tôi đã làm việc ở công ty đó trong 4 năm.　4년 동안 일했어요.

> 단어 phở 쌀국수　　mùa 계절　　thứ 7 = thứ bảy 토요일　　miền bắc 북부　　miền nam 남부
> làm việc 일하다

3 **Sau khi** : ～한 후에

'sau khi'는 '～한 후에'라는 뜻으로, 바로 뒤에 '～후에'를 꾸며주는 행위가 위치합니다.

> **Sau khi + 동사1, 주어 + 동사2** : 동사1 한 후에, 동사2 한다

Sau khi ăn sáng, tôi đi học.　　　　아침을 먹은 후에, 나는 학교에 갑니다.

Sau khi xem phim, tôi sẽ về nhà.　　영화를 본 후에, 나는 집에 돌아갈 것입니다.

Sau khi ăn cơm, tôi uống thuốc.　　밥을 먹은 후에, 나는 약을 먹는다.

Sau khi đánh răng, tôi đi ngủ.　　　양치한 후에, 나는 잠을 잔다. (직역: 잠자러 간다.)

4 **nên** : 그래서

'nên'은 문장과 문장을 연결하는 '～이니까, ～해서, ～이기 때문에' 등의 의미로 사용하며, nên으로 연결되는 두 문장의 위치는 바꿀 수 없습니다.

> **A(원인) + nên + B(결과)** : A해서 B하다

Hôm nay là chủ nhật nên tôi nghỉ ở nhà.

오늘은 일요일이라서 집에서 쉽니다.

Tôi thường đi công tác ở Việt Nam nên tôi học tiếng Việt.

나는 베트남에 자주 출장 가서 베트남어를 배웁니다.

Hôm nay là ngày thường nên tôi đi làm.

오늘은 평일이라서 출근합니다.

Tôi muốn làm việc ở công ty Hàn nên đang học tiếng Hàn.

저는 한국회사에서 일하고 싶어서 한국어를 공부하고 있습니다.

단어 ăn sáng 아침 먹다　đi học 학교 가다　xem phim 영화/드라마 보다　về nhà 집 가다
ăn cơm 밥 먹다　uống thuốc 약 먹다　đánh răng 양치하다　đi ngủ 잠자다

1 〈보기〉와 같이 그림을 보고 문장을 완성한 후, 읽어 보세요.

> • 보기 •
>
>
>
> Khác với công ty Mai Linh,
> công ty Hà An không nghỉ vào thứ 7.

(1)

_____, tôi rửa mặt.

(2)

_____ Kim, cô ấy thích chơi trò rút gỗ.

(3)

Hôm nay là chủ nhật _____ tôi
dành thời gian cùng gia đình.

★ 발음 체크 🎧 13-2

• 단어 • đánh răng 양치하다　rửa mặt 세안하다　chơi 놀다　dành thời gian 시간 보내다

2 녹음을 듣고 문장을 완성해 보세요.　🎧 13-3

(1) Tôi đã học tiếng Việt _____ 2 năm.

(2) _____ ăn cơm, tôi đọc sách.

(3) Tôi vừa học vừa làm _____ rất bận.

(4) Ở Việt Nam, _____ miền nam, miền bắc có 4 mùa.

3 녹음을 듣고 맞으면 (Đ), 틀리면 (S)에 체크하세요.　🎧 13-4

(1) Ông Minh ngủ dậy lúc 6 rưỡi.　　　　　(Đ , S)

(2) Ông Minh ăn sáng một mình.　　　　　(Đ , S)

(3) Ông Minh thường đi ăn với đồng nghiệp.　(Đ , S)

(4) Ông ấy thường về nhà sớm.　　　　　(Đ , S)

단어　đọc sách 독서　　bận 바쁘다　　4 mùa 사계절　　ngủ dậy 일어나다　　một mình 혼자
đi ăn 식사하러 가다(외식하다)　　đồng nghiệp 동료　　sớm 일찍, 이르다

4 〈보기〉를 보고 회화 내용에 맞게 빈칸을 적어 보세요.

·보기·

화	한국처럼, 베트남 북부에도 4계절 있어요.
	봄, 여름, 가을, 겨울이에요.
박	봄이 보통 얼마나 오래가나요?
화	봄은 약 3개월인데, 보통 2월부터 4월까지예요.
	한국은 어때요?
박	베트남과 달리, 한국에는 봄이 따뜻하고 햇볕이 많아요.
화	오늘, 수업 후에, 뭐 할 거예요?
박	도서관에 갈 거예요.
	비가 많이 와서 집에 가고 싶지 않아요.

Hòa   _____ Hàn Quốc, miền Bắc Việt Nam cũng có 4 mùa.

         Đó là xuân, hạ, thu, đông.

Park   Mùa xuân thường kéo dài _____?

Hòa   Khoảng 3 tháng, từ tháng 2 đến tháng 4.

         Còn Hàn Quốc thế nào?

Park   _____ Việt Nam, ở Hàn Quốc, mùa xuân ấm áp và có nhiều nắng.

Hòa   Hôm nay _____ học, anh sẽ làm gì?

Park   Tôi sẽ đi thư viện.

         Mưa to quá _____ tôi không muốn về nhà.

긴급상황 시 대처 방법

● 아프거나 다쳤을 때

베트남 여행 중 갑자기 아프거나 다쳤을 때, 약국이나 병원에서 의사소통이 어려울 뿐만 아니라 증상에 맞는 약을 구하기가 쉽지 않습니다. 가벼운 감기에 걸렸거나 음식 때문에 발생하는 배탈, 설사 등은 굳이 병원에 가지 않아도 큰길 곳곳에 있는 약국에서도 해결할 수 있으므로, 간판에서 '약국'이라는 뜻의 'hiệu thuốc', 'nhà thuốc', 'tiệm thuốc' 을 찾아보시기 바랍니다. 그리고 만일에 대비해 아래의 유용한 표현을 익혀두시기 바랍니다.

베트남 약국

베트남 병원

■ 긴급 연락처

재난 구조 : 112   응급 번호 : 115

■ 유용한 표현

여기가 아파요.	Tôi bị đau ở đây.
체한 것 같아요.	Hình như tôi bị đầy bụng.
배탈이 난 것 같아요.	Hình như tôi bị đi ngoài.
소화제 주세요.	Hãy cho tôi thuốc tiêu hóa.
(감기약 : thuốc cảm)	
약국/병원이 어디에요?	Nhà thuốc/bệnh viện ở đâu ạ?

● 물건을 잃어 버렸을 때

베트남 여행 중 여권을 분실하면 여권을 다시 만들어야 하므로 여행 전에 여권의 복사본과 여권용 사진 2장을 준비해 두는 것이 좋습니다. 여권 외에 다른 소지품을 잃어버린 경우에는 여행자 보험에 가입했다면 귀중품 분실 시 부분적으로 보상을 받을 수 있는데 경찰서에서 도난 증명서를 발급받아야 합니다.

여권을 잃어 버렸을 경우 분실 신고하는 방법을 알아봅시다.

① 여권을 분실한 지역을 담당하는 공안(경찰서) 지구대에서 분실신고증을 발급받습니다.

② 총영사관(민원실 2층)에서 여권을 발급 받습니다.
　　신청 서류 : 분실신고증, 여권 재발급 신청서, 여권용 사진 1매, 분실 신고서,
　　　　　　　여권 재발급 사유서 각 1부, 주민등록증/운전면허증

③ 출입국관리국을 방문하여 출국비자를 발급 받은 후, 출국합니다.

■ 구비 서류 및 신청 방법은 '주 베트남 대한민국 대사관' 홈페이지에서 확인할 수 있습니다.
　'주 베트남 대한민국 대사관' 홈페이지 :
　overseas.mofa.go.kr/vn-ko/index.do

'주 베트남 대한민국 대사관' 홈페이지

소지품 등을 도둑 맞거나 잃어 버렸을 경우 또는 경찰의 도움이 필요한 경우 신고하는 방법을 알아봅시다.

베트남 경찰서 간판

베트남 경찰 차

■ 긴급 연락처

113

■ 유용한 표현

도둑이야!	Có trộm!
살려주세요!	Hãy cứu sống tôi!
도와주세요.	Hãy giúp tôi.
베트남어를 몰라요.	Tôi không biết tiếng Việt.
~을 잃어버렸어요.	Tôi bị mất ~.
~ 좀 불러 주세요.	Hãy gọi ~ cho tôi.
경찰서가 어디에요?	Đồn công an ở đâu ạ?

Bài

14

Anh cho tôi một bát phở bò.

소고기 쌀국수 한 그릇 주세요.

Hòa	Chị Mai, chị muốn ăn gì?
Mai	Phở ở quán này vừa ngon vừa rẻ.
	Chúng ta ăn phở ở đây nhé?
Hòa	Vâng. Vậy anh cho tôi 2 bát phở bò.
	À, đừng cho rau thơm nhé!
Người phục vụ	Dạ vâng. Các chị uống gì ạ?
Hòa	Anh cho tôi một cốc bia.
	Chị Mai muốn uống gì?
Mai	Cho tôi một cốc trà đá!

화   마이 언니, 뭐 먹고 싶어요?

마이   이 가게의 쌀국수가 맛있으면서 싸요.

         우리 여기 쌀국수 먹을까요?

화   네. 그럼 소고기 쌀국수 두 그릇 주세요.

         아, 고수 넣지 말아 주세요!

웨이터   네. 음료수는 어떤 것을 드시겠어요?

화   맥주 한잔 주세요.

         마이 언니는 무엇을 마실래요?

마이   아이스 녹차 한잔 주세요!

새단어

▫ phở 쌀국수	▫ cốc 잔
▫ bát 그릇	▫ bia 맥주
▫ rau thơm 고수(향나는 풀)	▫ trà đá 아이스 녹차

1 제안, 권유 : nhé

'~을 하자'라는 의미로 어떤 사람에게 무엇을 같이 하자고 제안할 때, 제안하고 싶은 내용
의 문장 끝에 위치하는 'nhé'는 '~할까'라는 의미의 의문문으로도 사용할 수 있습니다.

Cuối tuần gặp nhé!	주말에 보자!
Tối nay chúng ta đi xem phim nhé!	오늘 저녁에 우리 영화 보러 가자!
Trời nóng quá! Mình ăn bingsoo nhé?	날씨가 너무 더워요! 빙수나 먹을까요?
Hôm nay anh bận, ngày mai gặp nhé?	오늘은 바쁜데, 내일 볼까?

2 부정 명령문 : đừng

đừng은 '~하지 말다'라는 의미의 부정 명령문으로 요구나 명령에만 쓰입니다. 예의를 갖
출 필요가 없는 사이에서는 주로 주어를 생략하고 말하기도 합니다.

> 주어 + đừng + 동사 : 주어는 동사하지 마시오

Anh đừng hút thuốc ở đây.	여기서 담배 피우지 마세요.
Chị đừng lo lắng quá.	(언니/누나) 너무 걱정하지 마세요.
Em đừng nói chuyện!	말하지 마!
Đừng đi!	가지 마!

> **Tip**
>
> 'đừng'은 독립적으로도 사용이 가능합니다. 독립 사용의 경우에는 '동사'로 사용합니다.
>
> * 'đừng'의 독립적 사용
>
> A: Em sẽ nghỉ việc. 저는 일을 그만둘 거예요.
>
> B: Đừng! 하지 마!

단어 đi xem phim 영화 보러 가다   nóng 덥다. 뜨겁다   quá 너무   hút thuốc 담배 피우다
lo (lắng) 걱정하다   nói chuyện 말하다. 이야기하다

3 vừa ~ vừa ~ : ~하면서 ~하다

동시에 두 가지 행동을 하거나 두 가지 상태를 가질 때, '~하면서 ~한다'라는 의미로 사용하는 'vừa ~ vừa ~'는 두 절의 주어가 동일해야 합니다.

> vừa + **동사1** + vừa + **동사2** : 동사1 하면서 동사2 하다

Buổi sáng tôi thường vừa ăn sáng vừa xem tivi.

아침에 나는 보통 아침을 먹으며 텔레비전을 봅니다.

Tôi và bạn tôi vừa nói chuyện vừa uống cà phê.

나와 내 친구는 이야기하며 커피를 마십니다.

> vừa + **형용사1** + vừa + **형용사2** : 형용사1 하면서 형용사2 하다

Vợ tôi vừa xinh vừa thông minh.　　　내 아내는 예쁘면서 똑똑하다.

Món ăn Việt Nam vừa rẻ vừa ngon.　　　베트남 음식은 싸면서 맛있다.

4 cho tôi : ~주세요

음식 또는 물건을 주문하거나 구입할 때 쓰이는 'cho tôi'는 뒤에 주문 또는 구입할 명칭을 넣어 '~ 주세요'라는 의미로 사용합니다.

> cho tôi + **명사** : 명사 주세요

Cho tôi thực đơn.　　　메뉴판 주세요.

Cho tôi 2 bát phở bò.　　　소고기 쌀국수 두 그릇 주세요.

> cho tôi xem + **명사** : 명사 보여 주세요

Cho tôi xem thực đơn.　　　메뉴판 보여 주세요.

Cho tôi xem cái áo kia.　　　저 옷 보여 주세요.

단어 xem tivi 텔레비전 보다　uống cà phê 커피 마시다　xinh 예쁘다　thông minh 똑똑하다, 머리 좋다
rẻ 싸다　ngon 맛있다　thực đơn 메뉴(판)　phở bò 소고기 쌀국수　(cái) áo 옷

말하기 연습

1 〈보기〉와 같이 그림을 보고 문장을 완성한 후, 읽어 보세요.

· 보기 ·

A: Chị ấy uống gì?
B: <u>Chị ấy uống nước.</u>

(1)

A: Các anh ấy ăn gì? (phở)

B: _____.

(2)

A: Chị ấy đang làm gì?

B: _____.

(3)

A: Anh ấy uống gì?

B: _____.

★ 발음 체크 🎧 **14-2**

단어 uống 마시다 nước 물 ăn 먹다 phở 쌀국수 thực đơn 메뉴 bia 맥주

2 녹음을 듣고 그림에 맞게 빈칸을 적어 보세요. 14-3

A: Chào anh Bình. Anh có khoẻ không?

B: Chào anh Toán, lâu quá không gặp!

Cảm ơn, tôi _____. Còn anh?

A: Tôi cũng khoẻ.

Anh đến đây _____ cà phê à?

B: Đúng rồi. Cà phê ở đây rất ngon.

A: Nghe nói anh có bạn gái mới, _____?

B: Vâng. Tôi có bạn gái mới.

Cô ấy vừa đẹp _____ cao.

A: Ồ, thích quá!

• 단어 • mới 새롭다

3 〈보기〉를 보고 회화 내용에 맞게 빈칸을 적어 보세요.

보기

화	마이 언니, 뭐 먹고 싶어요?
마이	이 가게의 쌀국수가 맛있으면서 싸요.
	우리 여기 쌀국수 먹을까요?
화	네. 그럼 소고기 쌀국수 두 그릇 주세요.
	아, 고수 넣지 말아 주세요!
남	네. 음료수는 어떤 것을 드시겠어요?
화	맥주 한잔 주세요.
	마이 언니는 무엇을 마실래요?
마이	아이스 녹차 한잔 주세요!

Hòa   Chị Mai, chị muốn ăn gì?

Mai   Phở ở quán này vừa ngon _____ rẻ.

Chúng ta ăn phở ở đây _____?

Hòa   Vâng. Vậy anh cho tôi 2 bát phở bò.

À, _____ cho rau thơm nhé!

Nam   Dạ vâng. Các chị uống gì ạ?

Hòa   Anh _____ tôi một cốc bia.

Chị Mai muốn uống gì?

Mai   Cho tôi một cốc trà đá!

베트남의 날씨

인도차이나반도에 위치하고 있는 베트남은 면적이 33만여 km로 한반도의 1.5배입니다. 남북으로 긴 S자 형태의 베트남은 지역에 따라 기온 차이가 많이 나는 특징이 있습니다. 크게 북부, 중부, 남부로 나뉘며 지역별로 기후가 다릅니다.

북부의 기후 (하노이, 하롱베이)
비교적 뚜렷한 4계절이 있으며 습한 아열대성 기후입니다.

연간 평균기온 23℃
봄 4월 평균기온 21℃로 습하고 비가 많이 내림
여름 5~9월 평균기온 27~29℃로 더운 날씨
가을 10월 평균기온 25℃로 여행하기 가장 좋음
겨울 11~3월 평균기온 17~21℃로 건조하고
　　　온화한 날씨

하노이의 겨울은 바람이 많이 불고 기온이 낮으므로 긴 옷과 겉옷을 준비해야 합니다.

중부의 기후 (후에, 다낭, 호이안)
여름과 가을 날씨로 나뉩니다.

연간 평균기온 25℃
여름 4~10월, 평균기온 34℃
　　　비가 거의 오지 않고 뜨거운 여름 날씨
가을 10~12월, 평균기온 22~27℃
　　　'스콜'이라는 지역성 소나기가 매일 내림
　　　12~3월 평균기온이 22℃에서 머무는 가장
　　　좋은 날씨

9월에는 강수량이 많아 홍수의 위험이 있으므로 10~3월까지가 여행하기 가장 적절한 시기입니다.

남부의 기후 (호찌민, 판티엣, 냐짱)
건기와 우기로 나뉘는 열대기후입니다.

연간 평균기온 26.9℃
우기 5~10월 하루에 한 번씩 스콜성 비가 내림
건기 11~4월로 후덥지근한 날씨

가장 더운 시기는 4~5월이므로, 이 기간을 제외하고는 여행하기 좋은 날씨입니다.

부|록

정답과 기초 단어

Bài 1

1 🎧 01-2

(1) A: Em chào cô.
안녕하세요 선생님.
B: Chào em.
안녕(학생).

(2) A: Chào bà.
안녕하세요 할머니.
Rất vui được gặp bà.
할머니 만나서 반갑습니다.
B: Chào ông.
안녕하세요 할아버지.
Rất vui được gặp ông.
할아버지 만나서 반갑습니다.

(3) A: Em chào anh.
안녕하세요 형.
B: Chào em.
안녕(동생).

(4) A: Chào bạn.
안녕.
Rất vui được gặp bạn.
만나서 반가워.
B: Chào bạn.
안녕.
Rất vui được gặp bạn.
만나서 반가워.
* bạn 외에 Mai, Nam 등 사람 이름이나 2인칭으로 대체 가능

2 🎧 01-3

(1) A: Chào anh!
안녕하세요!
B: Chào chị!
안녕하세요!
A: Rất vui được gặp anh!
만나서 반가워요!
B: Vâng, rất vui được gặp chị.
네, 만나서 반갑습니다.

(2) A: Chào cô. Cô tên là gì?
안녕하세요. 성함이 어떻게 되세요?
B: Tôi là Hoa. Còn anh?
저는 화입니다. 당신은요?
A: Tôi tên là Minho.
Rất vui được gặp cô.
저는 민호입니다. 만나서 반가워요.
B: Rất vui được gặp anh.
만나서 반갑습니다.

3

Hoa   Chào anh.
Peter Chào chị! Chị tên là gì?
Hoa   Tôi tên là Hoa. Còn anh?
Peter Tôi là Peter.
       Rất vui được gặp chị.
Hoa   Vâng, rất vui được gặp anh.
Peter Giờ tôi phải đi. Hẹn gặp lại.
Hoa   Vâng, chào anh.

Bài 2

말하기 연습

1 🎧 02-2

(1) A: Cô ấy là người Nhật Bản phải không?
그녀는 일본 사람 맞나요?

B: Vâng, cô ấy là người Nhật Bản.
네, 그녀는 일본 사람입니다.

(2) A: Họ là người nước nào?
저 사람들은 어느 나라 사람인가요?

B: Họ là người Việt Nam.
저 사람들은 베트남 사람입니다.

(3) A: Anh ấy là người Trung Quốc, phải không?
그는 중국인, 맞죠?

B: Không, anh ấy là người Pháp.
아니요, 그는 프랑스인입니다.

(4) A: Đây là Trung Quốc, phải không?
여기는 중국 맞죠?

B: Không, đây là (nước) Anh.
아니요, 영국이에요.

＊ Anh은 오빠/형/당신이라는 뜻도 있으므로, 보통 '영국'은 nước Anh(영국 나라)이라고 표현합니다.

듣기 연습

2 🎧 02-3

Park   Chào chị, tôi là Park.
안녕하세요, 박이라고 합니다.
Chị tên là gì?
성함이 어떻게 되세요?

Linh   Chào anh, tôi là Linh.
안녕하세요, 린이라고 합니다.
Anh Park là người Hàn Quốc, phải không?
박 씨는 한국 사람, 맞죠?

Park   Dạ vâng, tôi là người Hàn Quốc.
예, 한국 사람입니다.
Chị Linh là người Trung Quốc, phải không?
린 씨는 중국 사람, 맞죠?

Linh   Không, tôi không phải là người Trung Quốc.
아니요, 저는 중국 사람이 아닙니다.

Park   Chị Linh là người nước nào?
린 씨는 어느 나라 사람이세요?

Linh   Tôi là người Việt Nam.
저는 베트남 사람입니다.

쓰기 연습

3

Peter   Anh Hùng là người nước nào?

Hùng   Tôi là người Việt Nam.
Anh là người Mỹ, phải không?

Peter   Dạ không, tôi là người Pháp.
Rất vui được gặp anh.

Hùng   Tôi cũng rất vui được gặp anh.

Bài 3

1 🎧 03-2

(1) A: Anh ấy là bác sỹ phải không?
   그는 의사 맞죠?
   B: Không, anh ấy là kỹ sư.
   아니요, 그는 기술자입니다.

(2) A: Ông ấy làm nghề gì?
   그 분은 직업이 무엇인가요?
   B: Ông ấy là(/làm) nhân viên văn phòng.
   그 분은 회사원입니다/회사원으로 일합니다.
   * là/làm 대체 가능

(3) A: Bà ấy đi đâu?
   그 여자분은 어디 가요?
   B: Bà ấy đi bệnh viện.
   그 여자분은 병원에 갑니다/입원합니다.

(4) A: Anh Peter học tiếng Hàn ở đâu?
   피터 씨는 어디서 한국어를 공부하나요?
   B: Anh ấy học tiếng Hàn (Quốc) ở (trường) Đại học Hà Nội.
   그는 하노이대학교에서 한국어를 공부합니다.

2 🎧 03-3

(1) A: Chào ông. Ông làm nghề gì?
   안녕하세요. 직업이 무엇인가요?
   B: Tôi là luật sư. 저는 변호사입니다.

(2) A: Chào chị. Chị làm nghề gì?
   안녕하세요. 직업이 무엇인가요?
   B: Tôi là bác sỹ, còn anh?
   저는 의사입니다. 당신은요?
   A: Tôi là kỹ sư. 저는 기술자입니다.

(3) A: Anh Park, anh làm việc ở đâu?
   박 씨, 어디서 일하세요?
   B: Tôi làm việc ở công ty Mai Linh.
   저는 마이린 회사에서 일합니다.

3 🎧 03-4

(1) A: Chị làm nghề gì?
   당신 직업이 무엇인가요?
   B: Tôi là cô giáo.
   저는 선생님입니다.

(2) A: Chị làm nghề gì?
   당신 직업이 무엇인가요?
   B: Tôi là bác sỹ.
   저는 의사입니다.

(3) A: Anh làm nghề gì?
   당신 직업이 무엇인가요?
   B: Tôi là vận động viên.
   저는 운동선수입니다.

(1) ③   (2) ①   (3) ②

4

Phúc   Chị Kim làm việc ở đâu?
Kim   Tôi làm việc ở công ty ABC.
   Đây là Linh, bạn tôi.
Phúc   Chào chị. Tôi là Phúc, làm ở công ty XYZ.
   Chị làm nghề gì?
Linh   Tôi là giảng viên ở trường Đại học Hà Nội.

Bài 4

1 🎧 04-2

〈보기〉
A: 한국어 어렵나요?
B: 아니요, 한국어는 어렵지 않아요.
　/ 네, 한국어는 어려워요.

(1) Anh có làm việc ở công ty ABC không?
당신은 ABC 회사에서 일하나요?
→ Không, tôi không làm việc ở công ty
ABC.
아니요, 저는 ABC 회사에서 일하지 않습니다.

(2) Người Hàn Quốc có đẹp không?
한국 사람은 아름답습니까?
→ Có, người Hàn Quốc (có) đẹp.
네, 한국 사람은 아름답습니다.

(3) Anh có yêu cô Trang không?
당신은 짱 씨를 사랑하나요?
→ Có, tôi (có) yêu cô Trang.
네, 저는 짱 씨를 사랑합니다.

(4) Chị ấy có cao không?
그 언니는 키가 크나요?
→ Không, chị ấy không cao.
아니요, 그 언니는 키가 안 커요.

2 🎧 04-3

(1) A: Dạo này em làm gì?
너는 요즘 무엇을 하니?
B: Dạo này em học tiếng Trung Quốc.
저는 요즘 중국어를 배워요.

(2) A: Em biết tiếng Anh không?
너는 영어를 (할 줄) 아니?
B: Có ạ.
네(알아요).

(3) A: Chị có nuôi mèo không?
누나는 고양이를 키우나요?
B: Chị có nuôi.
(응 고양이를) 키워.

(4) A: Anh ấy thế nào?
그는 어때요(어떻게 생겼어요)?
B: Anh ấy cao.
그는 키가 커요.

(1) ①　　(2) ④　　(3) ②　　(4) ③

3

(1) Peter Chào Hòa, chào Park. Dạo này các
bạn thế nào?
안녕 화. 안녕 박. 너희 요즘 어떻게 지내니?
(직역: 요즘 어떠니?)
Hòa Mình vẫn vậy / bình thường / ổn /
khỏe. 난 그대로야 / 그럭저럭 / 괜찮아 / 잘 지내.
Park Mình khỏe. Còn Peter có khỏe
không? 난 잘 지내. 피터는 잘 지냈니?

(2) Park Em chào thầy. Đã lâu không gặp
thầy ạ.
선생님 안녕하세요. 오랜만입니다.
(직역: 오랫동안 뵙지 않았습니다.)
Mai Thầy có khỏe không ạ?
선생님 잘 계시나요?
Thầy Ừ / Có, thầy khỏe. Cảm ơn các em.
응. 잘 지내고 있어. 모두 고마워.

부록 1-14과 정답　187

Bài 5

말하기 연습

1 🎧 05-2

〈보기〉
A : 당신의 반에는 학생이 몇 명인가요?
B : 저의 반은 학생이 3명입니다.

(1) A: **Anh ấy bao nhiêu tuổi? (35)**
그는 나이가 어떻게 되세요?
B: **Anh ấy 35(ba mươi lăm) tuổi.**
그는 35살입니다.

(2) A: **Số điện thoại là bao nhiêu?**
전화번호가 어떻게 돼요?
B: **Số điện thoại là 7 723 778(bảy bảy hai ba bảy bảy tám).**
전화번호는 7 723 778입니다.

(3) A: **Văn phòng có mấy người?**
사무실에 몇 명이 있어요?
B: **Văn phòng có 4(bốn) người.**
사무실은 4명이 있어요.

(4) A: **Em ấy cắt tóc chưa?**
그 아이는 머리를 잘랐나요?
B: **Vâng(/Rồi), em ấy (đã) cắt tóc rồi.**
네, 그 아이는 머리를 잘랐어요.

듣기 연습

2 🎧 05-3

(1) A: **Chào Anna.** 안녕하세요 안나 씨.
B: **Chào anh Hùng, năm nay anh bao nhiêu tuổi?**
안녕하세요 훙 씨, 올해 몇 살이세요?

(2) A: **Năm nay tôi 23 tuổi, còn chị?**
올해 저는 23살인데, 당신은요?
B: **Năm nay tôi 26 tuổi.**
올해 저는 26살입니다.

(3) A: **Số điện thoại của anh là bao nhiêu?**
오빠의 전화번호가 어떻게 돼요?
B: **0907 651 228.**
(**không chín không bảy** sáu năm một hai hai tám)

(4) A: **Lớp học của anh là phòng bao nhiêu?**
오빠의 반은 몇 반이에요?
B: **Phòng số 7(bảy).** 7반이야.

쓰기 연습

3

Hùng Chào Park.
Park Chào anh. Năm nay anh bao nhiêu tuổi?
Hùng Năm nay tôi 30(ba mươi) tuổi. Còn anh?
Park Năm nay tôi 22(hai (mươi) hai) tuổi. Tôi chưa lập gia đình, nhưng có bạn gái rồi.

Bài 6

말하기 연습

1 🎧 06-2

(1) năm cái(/chiếc) xe đạp
(2) hai bức(/tấm/cái) ảnh
(3) ba con bò
(4) một cuốn(/quyển) sách
(5) bốn quả(/trái) dưa hấu

듣기 연습

2 🎧 06-3

(1) Chị Hoa có 3 quả cam.
화 언니는 오렌지 3개가 있어요.

(2) Kia là cái ba lô.
저것은 가방이에요.

(3) Đó là quyển sách.
그것은 책이에요.

(4) Đó là con cún.
그것은 강아지예요.

3

(1) ②   (2) ④   (3) ①   (4) ③

쓰기 연습

4

Park   Hòa ơi, kia là cái gì?
Hòa   Kia là cái máy vi tính.
Park   Cái máy vi tính kia là của ai?
Hòa   Cái máy vi tính kia là của Anna.
Park   Trông đẹp nhỉ.

Bài 7

말하기 연습

1 🎧 07-2

(1) A: Đây là cái gì?
이것은 무엇인가요?

B: Đây là sách. 이것은 책이에요.

(2) A: Gia đình em có mấy người?
가족은 몇 명입니까?

B: Gia đình em có 3 người.
(Bố mẹ và em)
우리 가족은 3명이에요. (부모님 그리고 나)

(3) A: Đây là đâu?
여기는 어디예요?

B: Đây là phòng học.
여기는 교실이에요.

(4) A: Đây là ai?
이 사람은 누구예요?

B: Đây là ca sỹ/sĩ.
이 사람은 가수예요.

듣기 연습

2 🎧 07-3

A: Chị Anna ơi, đây là cái gì?
안나 씨, 이것은 무엇인가요?

B: Đó là ảnh gia đình của tôi.
그것은 저희 가족 사진이에요.

A: Ồ, đây là ai?
오, 이 분은(여기) 누구세요?

B: Đó là em trai tôi. 제 남동생이에요.

A: Thế đây là ai?
그럼 이 분은 누구세요?

B: Đó là chị gái tôi. 제 언니예요.

A: Gia đình chị Anna có 5(năm) người à?
안나 씨 가족은 5명이죠?

B: Vâng, gia đình tôi có 5 người.
네, 우리 가족은 5명이에요.

(1) S (2) Đ (3) Đ (4) S

(1) 안나 씨는 여동생이 있다.
(2) 안나 씨는 남동생이 있다.
(3) 안니 씨의 가족은 5명이다.
(4) 안나 씨는 오빠가 있다.

3 🎧 07-4

(1) Cô ấy là ai?
그녀는 누구인가요?

(2) Bạn ấy hiền và thông minh.
그 친구는 착하고 똑똑해요.

(3) Anh có thích cà phê không ạ?
당신은 커피를 좋아하시나요?

(4) Gia đình tôi có 4 (bốn) người.
저의 가족은 4명입니다.

4

Hòa Gia đình anh Park có 5 người à?

Park Vâng, gia đình tôi có 5 người:
Bố, mẹ, anh trai, chị gái và tôi.

Hòa Người này là ai?

Park Người này là chị gái tôi.
Hòa có chị gái không?

Hòa Không, tôi không có chị gái.
Tôi có một anh trai.

Bài 8

1 🎧 08-2

〈보기〉
A : 할아버지, 지금 몇 시예요?
B : 3시 5분이야.

(1) A: Mấy giờ rồi?
지금 몇 시지?

B: 9 giờ tối rồi.
저녁 9시야.

(2) A: Thưa cô, mấy giờ rồi ạ?
선생님, 지금 몇 시인가요?

B: 4 rưỡi rồi. / 4 giờ 30 (phút) rồi.
4시 반이야. / 4시 30분이야.

(3) A: Peter ơi, mấy giờ rồi?
피터, 지금 몇 시야?

B: 10 giờ 20 (phút) sáng rồi.
오전 10시 20분이야.

(4) A: Mẹ ơi, mấy giờ rồi ạ?
엄마, 지금 몇 시예요?

B: 3 giờ 40 (phút) rồi. / 4 giờ kém 20
(phút) rồi.
3시 40분이야. / 4시 20분 전이야.

2 🎧 08-3

Peter Mấy giờ rồi, chị Anna?
지금 몇 시죠, 안나 씨?

Anna 1 rưỡi trưa rồi.
점심 1시 반이에요.

Peter Hôm nay chị có đến trường không?
오늘 학교 가나요?

Anna Không, hôm nay tôi không đến trường.
아니요, 오늘 저는 학교 안 가요.

Buổi chiều tôi có cuộc họp quan trọng. Còn anh Peter?
오후에는 중요한 회의가 있어요. 피터 씨는요?

Peter Hôm nay tôi có tiết học lúc 3 giờ chiều. 오늘 오후 3시에 수업이 있어요.

Mấy giờ chị Anna bắt đầu họp?
안나 씨 몇 시에 회의를 시작해요?

Anna 2 giờ 30 phút. 2시 30분이요.

(1) 안나는 오늘 학교에 가나요?
 → 아니요, 안나는 오늘 학교에 안 갑니다.

(2) 피터는 몇 시에 수업이 있습니까?
 → 피터는 3시에 수업이 있습니다.

쓰기 연습

3

(1) A: 당신은 몇 시에 점심을 먹어요?
 B: **Tôi ăn trưa** lúc 12 giờ.
 저는 12시에 점심을 먹어요.

(2) A: 그 분들은 무엇을 하고 있나요?
 B: **Họ đang làm bài tập.**
 그 분들은 숙제를 하고 있어요.

(3) A: Bây giờ là mấy giờ?
 B: 1시요.

(4) A: Bạn đang làm gì?
 B: 전화를 걸고 있어요.

Bài 9

말하기 연습

1 🎧 09-2

(1) Hôm nay là ngày mấy?
오늘은 며칠이에요?
 → (Hôm nay là) ngày 12 tháng 3.
 (오늘은) 3월 12일이에요.

(2) Bạn thi giữa kỳ khi nào?
언제 중간고사를 봤어요?
 → (Tôi thi giữa kỳ) ngày 10 tháng 3.
 3월 10일(에 중간고사를 봤어요).

(3) Ngày mai là thứ sáu, phải không?
내일은 금요일. 맞죠?
 → Phải, ngày mai là thứ sáu.
 맞아요, 내일은 금요일이에요.

듣기 연습

2 🎧 09-3

Anna Chào chị Lan.
안녕하세요 란 씨.

Lan Chào chị Anna.
안녕하세요 안나 씨.

Anna Hôm nay chị đến công ty sớm quá.
오늘 회사에 일찍 오셨네요.

Chị đã ăn sáng chưa?
아침은 드셨나요?

Lan Tôi đã ăn sáng ở nhà rồi.
저는 집에서 아침을 먹었어요.

Còn chị Anna?
안나 씨는요?

Anna Hôm nay tôi ngủ dậy muộn nên chưa ăn.
오늘은 늦게 일어나서 아직 안 먹었어요.

Lan   Chị thường ngủ dậy lúc mấy giờ?
보통 몇 시에 일어나요?

Anna   Tôi thường ngủ dậy lúc 7 giờ sáng nhưng hôm nay tôi mệt.
저는 보통 아침 7시에 일어나지만, 오늘은 피곤해요.
Đêm hôm qua tôi đã làm việc rất muộn.
어제 아주 늦게까지 밤새 일했거든요.

Lan   Công ty chị có nhiều việc không?
안나씨 회사는 일이 많아요?

Anna   Vâng, công ty tôi ít nhân viên nên rất nhiều việc.
네, 저희 회사는 직원수가 적어서 일이 아주 많아요.

쓰기 연습

3

Peter   Chị Anna ơi, hôm nay là ngày mấy?

Anna   Hôm nay là ngày 20 tháng 3.

Peter   Bao giờ chúng ta thi cuối kỳ?

Anna   Thứ 2 tuần sau, ngày 24 tháng 3.

Peter   Cuối tuần này tôi sẽ đi thư viện.

Anna   Khi nào anh đi?

Peter   Sáng thứ bảy, khoảng 10 giờ.
Tôi sẽ học từ 10 giờ đến khoảng 8 giờ tối.

Bài 10

말하기 연습

1 🎧 10-2 〈모범 답안〉

(1) Cuối tuần anh(/chị) làm gì?
주말에 무엇을 하나요?
Cuối tuần tôi làm việc nhà.
주말에 집안일을 합니다.

(2) Anh(/chị) thường đi du lịch ở đâu?
보통 여행은 어디로 가나요?
Tôi thường đi du lịch ở Đà Nẵng.
저는 보통 다낭으로 여행을 갑니다.

(3) Anh(/chị) thường làm gì vào buổi tối?
당신은 보통 저녁에 무엇을 하나요?
Buổi tối tôi thường nghỉ ngơi.
(= Tôi thường nghỉ ngơi vào buổi tối.)
저는 보통 저녁에 푹 쉽니다.

(4) Người Hàn Quốc thường uống cà phê khi nào?
한국 사람은 보통 언제 커피를 마시나요?
Người Hàn Quốc thường uống cà phê vào buổi sáng và buổi trưa.
한국 사람은 보통 아침과 점심에 커피를 마십니다.

듣기 연습

2 🎧 10-3

(1) Anh ấy thích tắm.
그는 목욕을 좋아합니다.

(2) Cô ấy thích đi dạo.
그녀는 산책을 좋아합니다.

(3) Họ thích chơi trò rút gỗ.
그들은 젠가 게임을 좋아합니다.

(4) Anh ấy thích đá bóng.
그는 축구를 좋아합니다.

* bóng đá 몡 축구   đá bóng 통 축구하다
둘의 품사는 다르지만 일반적으로 같은 상황에서 같은 의미로 사용됩니다.

(1) ④   (2) ①   (3) ③   (4) ②

3 🎧 10-4

Peter **Chào anh Bình.**
안녕하세요 빈 씨.

Bình **Chào Peter.**
안녕하세요 피터.

Cuối tuần của anh có vui không?
즐거운 주말 보냈나요? (당신의 주말은 즐거웠나요?)

Peter **Ồ, rất vui. Cảm ơn anh.**
오, 아주 즐거웠어요. 감사해요.

Bình **Anh đã làm gì?**
당신은 무엇을 했나요?

Peter **Cuối tuần, bố mẹ tôi đã đến Việt Nam chơi.**
주말에 저희 부모님께서 베트남에 놀러 오셨어요.

Tôi đã đi leo núi với bố mẹ.
저는 부모님과 함께 등산했어요.

Bình **Ồ, anh đã đi leo núi ở đâu?**
오, 어디로 등산했어요?

Peter **Chúng tôi leo núi Ba Vì ở Hà Tây.**
하떠이에 있는 바비산으로 등산했어요.

Phong cảnh ở đó rất đẹp.
거기 경치는 아주 아름다웠어요.

Anh Bình có thích leo núi không?
빈씨는 등산을 좋아하나요?

Bình **Có chứ, tôi rất thích leo núi.**
네 그렇죠. 저는 등산을 아주 좋아합니다.

Tôi cũng đã đi leo núi Ba Vì rồi.
저도 바비산을 등산해 봤어요.

Núi đó cao nhưng đẹp.
그 산은 높지만 아름다웠어요.

(1) Đ (2) S (3) Đ (4) S

(1) 주말에 피터의 부모님이 베트남에 오셨다.
(2) 바비산은 하동에 있다.
(3) 바비산 경치는 아름답다.
(4) 빈은 등산을 좋아하지 않는다.

쓰기 연습

4

Park **Chào Hòa, cuối tuần của Hòa thế nào?**

Hòa **Cuối tuần của tôi vui. Còn anh Park?**

Park **Hôm qua tôi đã đi thư viện.**

Hòa **Ồ, anh Park thích đọc sách à?**

Park **Vâng, sở thích của tôi là đọc sách.**
Sở thích của Hòa là gì?

Hòa **Tôi thích mua sắm.**
Tôi thường mua sắm hoặc xem phim.

Bài 11

말하기 연습

1 🎧 11-2

(1) A: **Tôi ăn thử được không?**
B: **Được chứ! Mời chị ăn thử.**

(2) A: **Anh thích màu gì?**
B: **(Tôi thích) màu xanh.**

(3) A: **Anh muốn mua gì?**
B: **Tôi muốn mua sách tiếng Việt.**

(4) A: **Cái này bao nhiêu tiền?**
(= Cái này giá bao nhiêu?)
B: **Cái này 8.000 đồng một cái.**

듣기 연습

2 🎧 11-3

(1) Áo màu vàng giá tám trăm nghìn đồng.
노란색 옷은 팔십만동입니다.

(2) Áo màu hồng không có cỡ L.
분홍색 옷은 L 사이즈가 없습니다.

(3) Áo màu cam là free size.
오렌지색 옷은 프리사이즈입니다.

(1) ②   (2) ①   (3) ③

3 🎧 11-4

A: Anh muốn mua gì ạ? 무엇을 사고 싶으세요?

B: Chị ơi, chiếc áo dài này bao nhiêu tiền?
여기요, 이 아오자이는 얼마예요?

A: 3.000.000 (ba triệu) đồng một chiếc.
한 개에 3백만 동입니다.

B: Đắt quá. Bớt cho tôi!
2.500.000 đồng được không?
너무 비싸네요. 좀 깎아주세요! 2백 50만 동 괜찮아요?

A: Không được. Tôi không nói thách.
Đừng mặc cả.
안 돼요. 저는 바가지 씌우지 않아요. 흥정하지 마세요.

(1) ③   (2) ②   (3) ④   (4) ①

쓰기 연습

4

Phong Chào chị, chị muốn mua gì ạ?

Mai Tôi muốn mua một cái áo sơ mi màu vàng.

Phong Vâng. Mời chị xem thử cái áo này.

Mai Cái áo này bao nhiêu tiền ạ?

Phong 800.000 đồng.

Mai Tôi mặc thử cái áo này được không?

Phong Được chứ! Mời chị mặc thử.

Bài 12

말하기 연습

1 🎧 12-2

(1) A: Từ Hàn Quốc đến Thái Lan mất bao lâu?
B: Từ Hàn Quốc đến Thái Lan bằng máy bay mất 5 (năm) tiếng.

(2) A: Từ công ty về nhà mất bao lâu?
B: Từ công ty về nhà bằng xe buýt mất 30 (ba mươi) phút.

＊ 집이나 고향 등 본래의 거주지/출신지의 경우 đến보다 về를 사용하는 것이 더 자연스럽습니다.

듣기 연습

2 🎧 12-3

(1) Anh đã gặp người Việt Nam bao giờ chưa?
베트남 사람을 만나본 적 있어요?

(2) Tôi chưa bao giờ ăn phở.
저는 쌀국수를 먹어본 적 없어요.

(3) Tôi thường đi làm bằng xe buýt.
저는 보통 버스로 출근합니다.

(4) Tôi thường đi du lịch bằng máy bay.
저는 보통 비행기로 여행을 다닙니다.

3 🎧 12-4

Bình là sinh viên đại học Hà Nội.
Hàng ngày, Bình đi học bằng xe máy.
Từ nhà Bình đến trường hết 20 phút.
Bình thích du lịch.
Bình đã đi Hội An và Huế.
Và Bình đã đi Hàn Quốc 2 lần.

빈은 하노이대학교 대학생이다.
매일 오토바이를 타고 학교 다닌다.
빈네에서 학교까지 20분이 걸린다.
빈은 여행을 좋아한다.
'호이안'과 '후에'에 가본 적이 있다.
그리고 한국을 두 번 가보았다.

(1) Đ (2) S (3) S (4) Đ

(1) 빈은 오토바이로 학교 다닌다.
(2) 빈네에서 학교까지 30분이 걸린다.
(3) 빈은 '후에'에 가본 적이 없다.
(4) 빈은 한국을 두 번 가보았다.

쓰기 연습

4

Kim   Chào anh. Tôi định đi Việt Nam vào
tháng sau.
Anh đã đi Việt Nam bao giờ chưa?
Lee   Rồi. Tôi đã đi Việt Nam 2 lần rồi.
Phong cảnh Hà Nội đẹp lắm.
Kim   Từ Hàn Quốc đến Việt Nam bằng máy
bay mất bao lâu?
Lee   Mất khoảng 5 tiếng bằng máy bay.

Bài 13

말하기 연습

1 🎧 13-2

〈보기〉
하얀 회사는 마이린 회사와 달리 토요일에 쉬지 않는다.

(1) Sau khi đánh răng, tôi rửa mặt.
나는 양치한 후에 세안한다.

(2) Giống như Kim, cô ấy thích chơi trò rút
gỗ.
그녀는 김씨처럼 젠가 게임을 좋아한다.

(3) Hôm nay là chủ nhật nên tôi dành thời
gian cùng gia đình.
오늘은 일요일이라서 가족과 함께 시간을 보낸다.

듣기 연습

2 🎧 13-3

(1) Tôi đã học tiếng Việt trong 2 năm.
나는 베트남어를 2년 동안 공부했다.

(2) Sau khi ăn cơm, tôi đọc sách.
나는 밥을 먹은 후에, 책을 읽는다.

(3) Tôi vừa học vừa làm nên rất bận.
나는 공부하면서 일하기 때문에(일하느라) 매우 바쁘다.

(4) Ở Việt Nam, khác với miền nam,
miền bắc có 4 mùa.
베트남에는, 북부가 남부와 달리 4계절이 있다.

3 🎧 13-4

Ông Minh là giám đốc của một công ty ở Hà Nội.

Ông ấy thường ngủ dậy lúc 6 giờ 30 phút.

Sau khi tập thể dục, ông ấy ăn sáng với gia đình.

Ông đến công ty lúc 8 giờ.

Buổi sáng, ông ấy làm việc từ 8 giờ rưỡi đến 7 giờ tối.

Buổi tối, ông ấy thường đi ăn với đồng nghiệp hoặc khách hàng.

Ông ấy thường về nhà rất muộn.

민씨는 하노이의 한 회사의 사장이다.

그는 보통 6시 30분에 일어난다.

운동한 후에, 가족과 함께 아침 식사를 한다.

8시에 회사에 간다.

오전 8시 반부터 저녁 7시까지 일한다.

저녁에는 보통 동료나 고객과 식사하러 간다.

그는 보통 집에 아주 늦게 간다.

* ông은 '할아버지' 또는 '그 남성분'이라는 뜻으로, 2인칭뿐만 아니라 3인칭으로도 사용이 가능합니다.

(1) Đ (2) S (3) Đ (4) S

(1) 민씨는 6시 반에 일어난다.

(2) 민씨는 혼자 아침을 먹는다.

(3) 민씨는 보통 동료와 식사하러 간다.

(4) 그는 보통 집에 일찍 간다.

쓰기 연습

4

Hòa   Giống như Hàn Quốc, miền Bắc Việt Nam cũng có 4 mùa.
       Đó là xuân, hạ, thu, đông.

Park   Mùa xuân thường kéo dài trong bao lâu?

Hòa   Khoảng 3 tháng, từ tháng 2 đến tháng 4.
       Còn Hàn Quốc thế nào?

Park   Khác với Việt Nam, ở Hàn Quốc, mùa xuân ấm áp và có nhiều nắng.

Hòa   Hôm nay sau khi học, anh sẽ làm gì?

Park   Tôi sẽ đi thư viện.
       Mưa to quá nên tôi không muốn về nhà.

Bài 14

말하기 연습

1 🎧 14-2

〈보기〉
A: 그 언니는 무엇을 마시나요?
B: 그 언니는 물을 마셔요.

(1) A: Các anh ấy ăn gì?
    그 오빠들은 무엇을 먹나요?

    B: Các anh ấy ăn phở.
    그 오빠들은 쌀국수를 먹어요.

(2) A: Chị ấy đang làm gì?
    그 누나는 무엇을 하고 있나요?

    B: Chị ấy đang xem thực đơn.
    그 누나는 메뉴를 보고 있어요.

    * nhìn = xem 보다
    → 대부분의 상황에서 교체 가능합니다.

(3) A: Anh ấy uống gì?
    그는 무엇을 마시나요?

    B: Anh ấy uống bia.
    그는 맥주를 마셔요.

2 🎧 14-3

A: Chào anh Bình. Anh có khoẻ không?
빈 씨 안녕하세요. 잘 지냈나요?

B: Chào anh Toán, lâu quá không gặp!
또안 씨 안녕하세요, 오랜만이네요!

Cảm ơn, tôi khoẻ. Còn anh?
감사해요, 전 잘 지냈어요. 당신은요?

A: Tôi cũng khoẻ.
저도 잘 지냈습니다.

Anh đến đây uống cà phê à?
여기 커피를 마시러 온 건가요?

B: Đúng rồi. Cà phê ở đây rất ngon.
맞아요. 여기 커피가 아주 맛있어요.

A: Nghe nói anh có bạn gái mới,
phải không?
새 여자친구가 생겼다면서요. 맞죠?

B: Vâng. Tôi có bạn gái mới.
네. 새 여자친구가 생겼어요.

Cô ấy vừa đẹp vừa cao.
그녀는 예쁘면서 키도 커요.

A: Ồ, thích quá!
오, 좋겠어요!

3

Hòa Chị Mai, chị muốn ăn gì?

Mai   Phở ở quán này vừa ngon vừa rẻ.
      Chúng ta ăn phở ở đây nhé?

Hòa Vâng. Vậy anh cho tôi 2 bát phở bò.
      À, đừng cho rau thơm nhé!

Nam Dạ vâng. Các chị uống gì ạ?

Hòa Anh cho tôi một cốc bia.
      Chị Mai muốn uống gì?

Mai   Cho tôi một cốc trà đá!

기초 단어

■ 숫자(기수) con số (số cơ bản)

0	không	30	ba mươi
1	một	31	ba mươi mốt
2	hai	32	ba mươi hai
3	ba	33	ba mươi ba
4	bốn	34	ba mươi bốn
5	năm	35	ba mươi lăm
6	sáu	…	
7	bảy	40	bốn mươi
8	tám	50	năm mươi
9	chín	60	sáu mươi
10	mười	70	bảy mươi
11	mười một	80	tám mươi
12	mười hai	90	chín mươi
13	mười ba	100	một trăm
14	mười bốn	200	hai trăm
15	mười lăm	300	ba trăm
16	mười sáu	400	bốn trăm
17	mười bảy	500	năm trăm
18	mười tám	600	sáu trăm
19	mười chín	700	bảy trăm
20	hai mươi	800	tám trăm
21	hai mươi mốt	900	chín trăm
22	hai mươi hai	1,000	một nghìn = một ngàn
23	hai mươi ba	…	
24	hai mươi bốn	10,000	mười nghìn
25	hai mươi lăm	…	
26	hai mươi sáu	100,000	một trăm nghìn
27	hai mươi bảy	…	
28	hai mươi tám	1,000,000	một triệu
29	hai mươi chín	…	

■ 숫자(서수) con số (số thứ tự)

첫 번째	thứ nhất	여섯 번째	thứ sáu
두 번째	thứ hai	일곱 번째	thứ bảy
세 번째	thứ ba	여덟 번째	thứ tám
네 번째	thứ tư	아홉 번째	thứ chín
다섯 번째	thứ năm	열 번째	thứ mười

■ 요일 thứ

월요일	화요일	수요일	목요일	금요일	토요일	일요일
thứ hai	thứ ba	thứ tư	thứ năm	thứ sáu	thứ bảy	chủ nhật

■ 월 tháng

1월	tháng một	7월	tháng bảy
2월	tháng hai	8월	tháng tám
3월	tháng ba	9월	tháng chín
4월	tháng tư	10월	tháng mười
5월	tháng năm	11월	tháng mười một
6월	tháng sáu	12월	tháng mười hai

■ 기간 thời hạn / 시간 thời gian

그저께	hôm kia	주	tuần
어제	hôm qua	주말	cuối tuần
오늘	hôm nay	이번 주	tuần này
내일	ngày mai	월	tháng
내일 모레	ngày kia	이번 달	tháng này
하루 종일	suốt ngày	지난 달	tháng trước
매일	hàng ngày	연	năm
오후	buổi chiều	올해	năm nay
밤	ban đêm	작년	năm trước / năm ngoái

기초 단어

■ 직급 chức vụ

사장	giám đốc	매니저	người quản lí
직원	nhân viên	아르바이트	người làm thêm

■ 전공 chuyên ngành

경제학과	khoa kinh tế học	행정학과	khoa hành chính
경영학과	quản trị kinh doanh	회계	kế toán
무역학과	khoa thương mại	국문과	khoa ngữ văn
법학	luật học	베트남어과	khoa tiếng Việt

■ 가족 gia đình

할아버지	ông	남편	chồng
할머니	bà	부인	vợ
아버지	bố = ba, cha	부부	vợ chồng
어머니	má = mẹ	형제자매	anh chị em
나	tôi	오빠	anh trai
고모, 숙모	cô	남동생	em trai
조카, 손녀	cháu	여동생	em gái
자녀	con	언니	chị gái
큰아버지	bác	큰아들	con trai cả
삼촌, 작은아버지	chú	막내딸	con gái út

■ 국가명 tên quốc gia

국가		사람 (người + 나라이름)	
한국	Hàn Quốc	한국 사람	người Hàn (Quốc)
베트남	Việt Nam	베트남 사람	người Việt (Nam)
미국	Mỹ	미국 사람	người Mỹ
북한	(Bắc) Triều Tiên	북한 사람	người (Bắc) Triều Tiên
영국	Anh	영국 사람	người Anh

일본	Nhật Bản	일본 사람	người Nhật (Bản)
중국	Trung Quốc	중국 사람	người Trung Quốc
태국	Thái Lan	태국 사람	người Thái Lan
프랑스	Pháp	프랑스 사람	người Pháp
호주	Úc	호주 사람	người Úc
라오스	Lào	라오스 사람	người Lào

■ 언어 ngôn ngữ

한국어	tiếng Hàn (Quốc)	중국어	tiếng Trung (Quốc)
베트남어	tiếng Việt (Nam)	태국어	tiếng Thái (Lan)
영어	tiếng Anh	불어	tiếng Pháp
일본어	tiếng Nhật (Bản)	라오스어	tiếng Lào

* 영어는 영국의 언어이기 때문에 tiếng Mỹ가 아닌 tiếng Anh입니다.

■ 직업 nghề (nghiệp)

학생	học sinh	공안	công an
대학생	sinh viên	경찰	cảnh sát
선생	giáo viên	사업가	thương gia
의사	bác sĩ	기자	nhà báo
간호사	y tá	리포터	phóng viên
가수	ca sĩ	편집자	biên tập viên
배우	diễn viên	조종사	phi công
모델	người mẫu	승무원	tiếp viên hàng không
변호사	luật sư	작사가	nhạc sĩ
건축사	kiến trúc sư	기술자	kỹ sư
회사원	nhân viên văn phòng	회계원	kế toán
노동자	công nhân	주부	nội trợ

기초 단어

■ 기업 유형 kiểu doanh nghiệp

생산	sản xuất	식품	thực phẩm
무역	thương mại	운송	vận tải
전자	điện tử	자문	tư vấn
서비스	dịch vụ	중개	môi giới

■ 성격 tính cách

참을성이 없는	thiếu kiên nhẫn	무서운	sợ
인내심이 강한	kiên nhẫn	소심한	nhút nhát
게으른	lười	쾌활한, 활기찬	hoạt bát
신중한	thận trọng	까칠한	khó tính
다정다감한	đa cảm	정직한	trung thực
열정적인	nhiệt tình	활동적인	năng động

■ 장소 nơi chốn

병원	bệnh viện	공원	công viên
회사	công ty	집	nhà
서점	hiệu sách, nhà sách	우체국	bưu điện
교회	nhà thờ	호텔	khách sạn
마켓	siêu thị	사원(절)	chùa
대사관	đại sứ quán	공항	sân bay
대학교	trường đại học	버스 정류장	trạm xe buýt
상점	cửa hàng	역	ga
식당	nhà hàng	박물관	bảo tàng
은행	ngân hàng	약국	hiệu thuốc = nhà thuốc

■ 취미 sở thích

스포츠	thể thao	쇼핑하다	mua sắm
독서하다	đọc sách	낮잠 자다	ngủ trưa
여행 가다	đi du lịch	TV 보다	xem tivi
요리하다	nấu ăn	인터넷 하다	lên mạng
드라이브	lái xe	축구	bóng đá
산책하다	đi dạo	농구	bóng rổ
음악 듣다	nghe nhạc	야구	bóng chày
사진 찍다	chụp ảnh = chụp hình(남부)	노래 부르다	hát
영화 보다	xem phim	춤추기	nhảy
게임하기	chơi game	그림 그리기	vẽ tranh

■ 색깔 màu sắc

빨간색	màu đỏ	흰색	màu trắng
파란색	màu xanh dương	보라색	màu tím
초록색	màu xanh lá cây	회색	màu xám
분홍색	màu hồng	주황색	màu cam
검은색	màu đen	갈색	màu nâu

■ 날씨 thời tiết

봄	mùa xuân	태풍	cơn bão = bão
여름	mùa hè, mùa hạ	천둥	sấm sét
가을	mùa thu	번개	chớp
겨울	mùa đông	습한	oi bức
눈 오는	có tuyết = tuyết rơi	건조한	hanh khô
비 오는	trời mưa	날씨가 좋은	đẹp trời

기초 단어

■ 물건 đồ vật

펜	bút	잡지	tạp chí
시계	đồng hồ	종이	giấy
(옷)장	tủ	돈	tiền
책상	bàn	사진	ảnh
의자	ghế	편지	thư
여행가방	va li	그림	tranh
지도	bản đồ	공책	vở
신문	báo	사전	từ điển

■ 동물 động vật

고양이	mèo	쥐	chuột
닭	gà	소	bò
개 / 강아지	chó	물고기	cá
돼지	lợn	오징어	mực
새	chim	새우	tôm

■ 과일 hoa quả

사과	táo	수박	dưa hấu
오렌지	cam	포도	nho
레몬	chanh	참외	dưa lê
코코넛	dừa	배	lê
파인애플	dứa	토마토	cà chua

■ 위치 vị trí

위에	(ở) trên	뒤	(phía) sau
아래	(ở) dưới	오른쪽	bên phải
안에	(ở) trong	왼쪽	bên trái

밖	(ở) ngoài	동쪽	phía Đông
옆에	bên cạnh	서쪽	phía Tây
사이, 가운데	(ở) giữa	남쪽	phía Nam
앞	(phía) trước	북쪽	phía Bắc

■ 교통수단 phương tiện giao thông

탈것의 총칭	xe	기차	tàu hoả
지하철	tàu điện ngầm = xe điện ngầm	비행기	máy bay
버스	xe buýt	배	tàu thủy = thuyền
택시	tắc-xi	오토바이	xe máy
자동차	xe ô tô = xe hơi (남부)	자전거	xe đạp

■ 자주 쓰는 형용사 tính từ hay dùng

기쁜	vui	슬픈	buồn
사랑하는	yêu	싫은	ghét
큰	to	작은	nhỏ
밝은	sáng	어두운	tối
높은	cao	낮은	thấp
짧은	ngắn	긴	dài
예쁜	đẹp	못생긴	xấu
빠른	nhanh	느린	chậm
얇은	mỏng	두꺼운	dày
비싼	đắt	싼	rẻ
바쁜	bận	한가한	rảnh (rỗi)
새로운	mới	오래된	cũ
더운	nóng	추운	lạnh
적은	ít	많은	nhiều
건강한	khỏe	연약한	yếu

행복한	hạnh phúc	불행한	bất hạnh
좋은	tốt	나쁜	xấu
얕은	nông	깊은	sâu
넓은	rộng	좁은	hẹp

■ 자주 쓰는 동사 động từ hay dùng

말하다	nói	대답하다	trả lời
읽다	đọc	쓰다	viết
가다	đi	오다	đến
먹다	ăn	마시다	uống
배우다	học	가르치다	dạy
이해하다	hiểu	알다	biết
일하다	làm việc	놀다	chơi
열다	mở	닫다	đóng
사다	mua	팔다	bán
울다	khóc	웃다	cười
밀다	đẩy	당기다	kéo
듣다	nghe	질문하다	hỏi
올라가다	lên	내려가다	xuống
요리하다	nấu	준비하다	chuẩn bị
사진을 찍다	chụp ảnh	산책하다	đi dạo
샤워하다	tắm	좋아하다	thích
시작하다	bắt đầu	벗다	cởi
찾다	tìm	살다	sống
놀다	chơi	이야기하다	nói chuyện

• 이미지 출처

91p.	http://consockorea.com		https://massageishealthy.com
	http://shopee.vn		http://noinauphodien.net
127p.	http://rndconsultants.vn		http://quananlavang.blogspot.com
	https://nha.chotot.com	159p.	https://cafe.naver.com
	https://landber.com	169p.	https://www.nhathuocankhang.com
	https://phumyhungsale.com		http://benhvienk.vn
138p.	https://baomoi.com	171p.	https://news.zing.vn
	https://www.24h.com.vn		https://maivang.nld.com.vn
	https://blog.traveloka.com		